母から娘へ伝えられた針仕事

嫁入り道具の
花ふきん教室

近藤陽絽子

かつて、嫁ぐ娘の幸せを願い、
さらし木綿に祝いの模様を
刺し子で施したふきんを
持たせる風習がありました。
それが嫁入り道具の「花ふきん」です。
やがてそれは、娘の針仕事の手本となり、
暮らしを支えた刺し子の手法は、
母から娘へと伝えられていきました。

はじめに

「刺し子」は、布の補強や保温のための針仕事です。物が豊かではなかった頃、家族とその生活《くらし》を支えるため、女たちの手のなかで育まれてきました。その日の家の仕事が済み、家族が寝静まってから刺す。女でなければできなかった、優しくて、どこか哀しくて、いろいろの想いを包んでいる「刺し子」は、愛おしくてたまりません。

刺し子の「花ふきん」という、かつて嫁入り道具だった風習を知っていただこうと、二年前に書籍『嫁入り道具の花ふきん　秋田に伝わる祝いの針仕事』（暮しの手帖社）という模様集を出版いたしました。これまでの間、全国各地の方々から、思いがけないほどのあたたかいお手紙や、ご感想をたくさんいただきました。

私は小さな頃から、「女の手は生活を護《まも》るもの」と教わり、育ちました。また、使われる「用」があって、作る人の願いがそこに込められ、はじめて「手仕事」なのだと思っております。物が豊富にある今では、本来の刺し子の「用」はほとんどありません。でも私と同じように、刺すことで励まされ、傍に置いておきたいと、愛おしく感じてもらえる手仕事なのだと、しみじみ実感させていただき、涙の出る思いでした。そして、お寄せいただいたお声のなかで多かったのは、「図案と作り方を知りたい」ということでした。これまで私は、刺してみたいと仰る方には、布に線を引き、途中まで刺して、直接手渡してまいりました。手仕事は、手から手へと伝わっていくものだと思うからです。

「できることなら、秋田に行って教わりたい」。そのような、熱心なお声をいただき続けているなかで、少しでもご希望にお応えしようという気持ちにだんだんなってきました。暮しの手帖社の編集の方の強い思いもいただいて、雑誌『暮しの手帖』で「花ふきん教室」という作り方の記事を、三号連続して掲載したのです。

このたびは、その三号分の内容に新たな模様と作り方も加え、一冊にまとめることになりました。日頃の生活でよく目にする自然、物、花などを模様にした「模様刺し」と「地刺し」、全29種類を紹介しております。本でお伝えするには限りがあり、十分ではない点があるかと思いますが、これまでお手紙やご感想をくださった各地の方々の手に届きますようにと、祈る思いで制作いたしました。「模様刺し」の「紗綾形」と「重ね十字つなぎ」は、ていねいにお伝えしていますので、はじめての方は、ぜひこの模様から刺してみてください。「地刺し」は、下線を引きませんので、「模様刺し」に慣れ、針目が表・裏、同じ位に揃うようになってからなさってみてください。

針を持ち、刺し進めている間は豊かな時間《とき》です。身のまわりが散らからず、いつでもどこでも手掛けられます。また刺し子は、差し上げる方があっての針仕事です。ぜひ、届けたい方のお顔を浮かべながら、それぞれの想い出をたどり、ふり返り、幸せに針を運んでください。たくさん刺して贈られ、お賞《ほ》めをいただけますよう願っております。

近藤陽絽子

目次

※花ふきん作りを始める前に、18頁の「基本の作り方」を必ずお読みください。

模様一覧

模様刺し

1または1.5センチの方眼や斜方眼（鱗文《うろこもん》）、円を基本にしてできる模様を、縦横斜め、曲線状に運針して模様を作り上げます。針の運びに変化をつけると、くずし（応用形）がうまれます。

「紗《さ》綾《や》形《がた》」

7枡の直線が2本あり、まわりに4つの卍紋が入った吉祥文《きっしょうもん》（めでたい模様）は、和服地の地紋などでおなじみです。（→19頁へ）

「重《かさ》ね十《じゅう》字《じ》つなぎ」

つながりが続いていくという意味の十字つなぎがいくつも重なり、「良いことが重なりますように」という願いが込められています。（→28頁へ）

「四《よ》つ葉《ば》」

2種類の、角度を変えた十字つなぎを重ねることで、四つ葉の模様が現れます。「重ね十字つなぎ」の応用となります。（→30頁へ）

「風《かざ》車《ぐるま》」

「米」という文字4つのなかに風車を描いた模様です。子どもの頃に、薬屋さんからもらっていた、セルロイドの風車をイメージしました。(→31頁へ)

「北《ほっ》帰《き》行《こう》」

「重ね十字つなぎ」の角度を変えて、北へ帰る雁や白鳥の群れを表現しています。毎年早春を迎えると、秋田のわが家の上を通ってゆきます。(→32頁へ)

「雷《らい》光《こう》」

これも「重ね十字つなぎ」の応用です。雷光の走る様子を模様にしました。稲穂が垂れる晩夏には、ほとんど毎夜、あちらこちらで見られます。(→33頁へ)

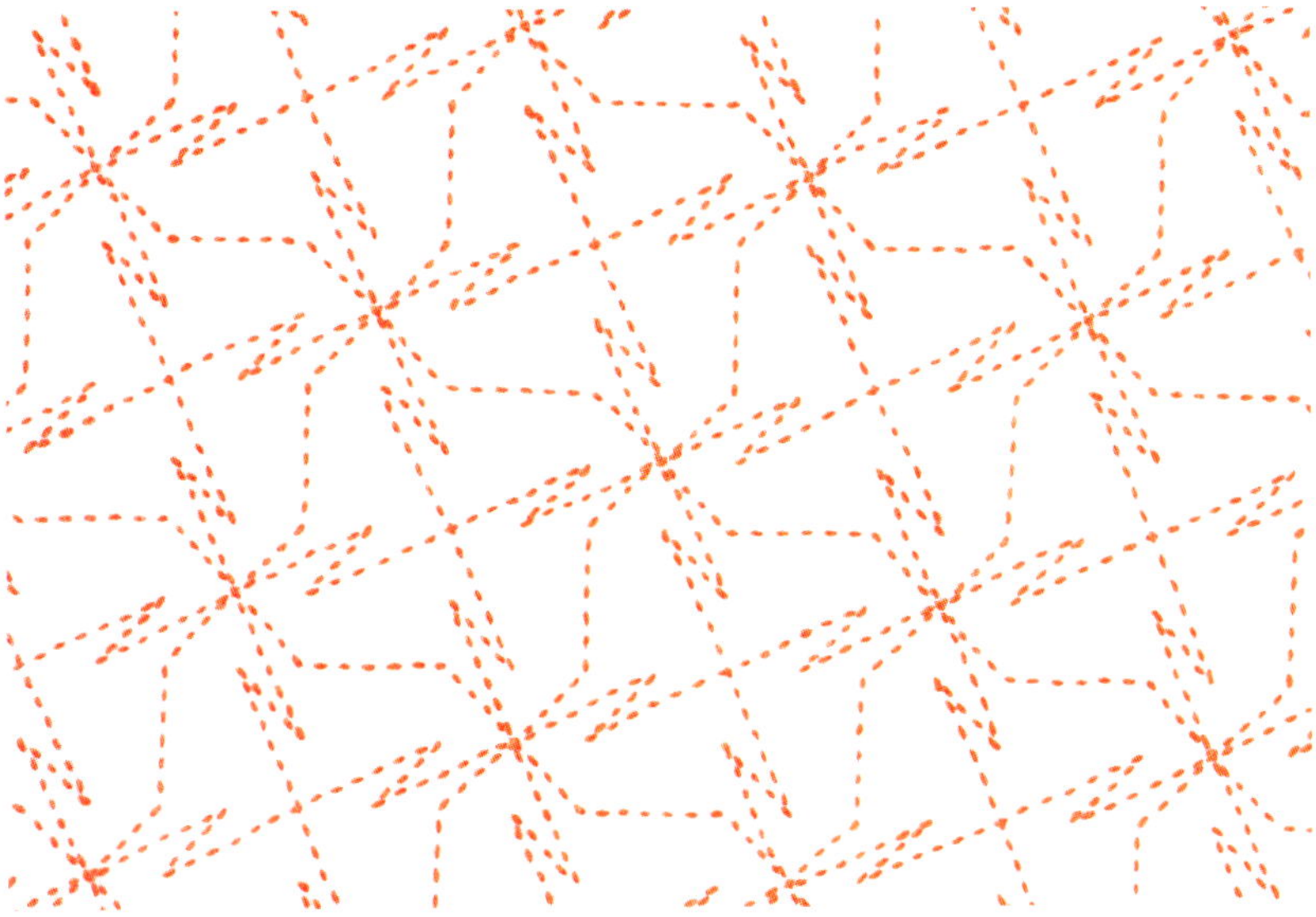

「亀《きっ》甲《こう》」

六角形の「亀甲」は亀の甲羅を表し、長寿を祈る模様です。小雨のとき、池の小魚が水面に遊ぶ様子を、ちらした亀甲で表しています。（→34頁へ）

「竿《かん》燈《とう》」

秋田県を代表するお祭り「秋田竿燈まつり」の提灯を亀甲で表してみました。また、雨傘にこぼれた雨粒にも見えてきます。（→35頁へ）

「桜《さくら》亀《きっ》甲《こう》」

雪国の秋田にようやく訪れた春。陽光をもとめて次々と咲く桜の花に、女たちは心なぐさめられてきました。伝統の麻の葉模様の応用です。（→36頁へ）

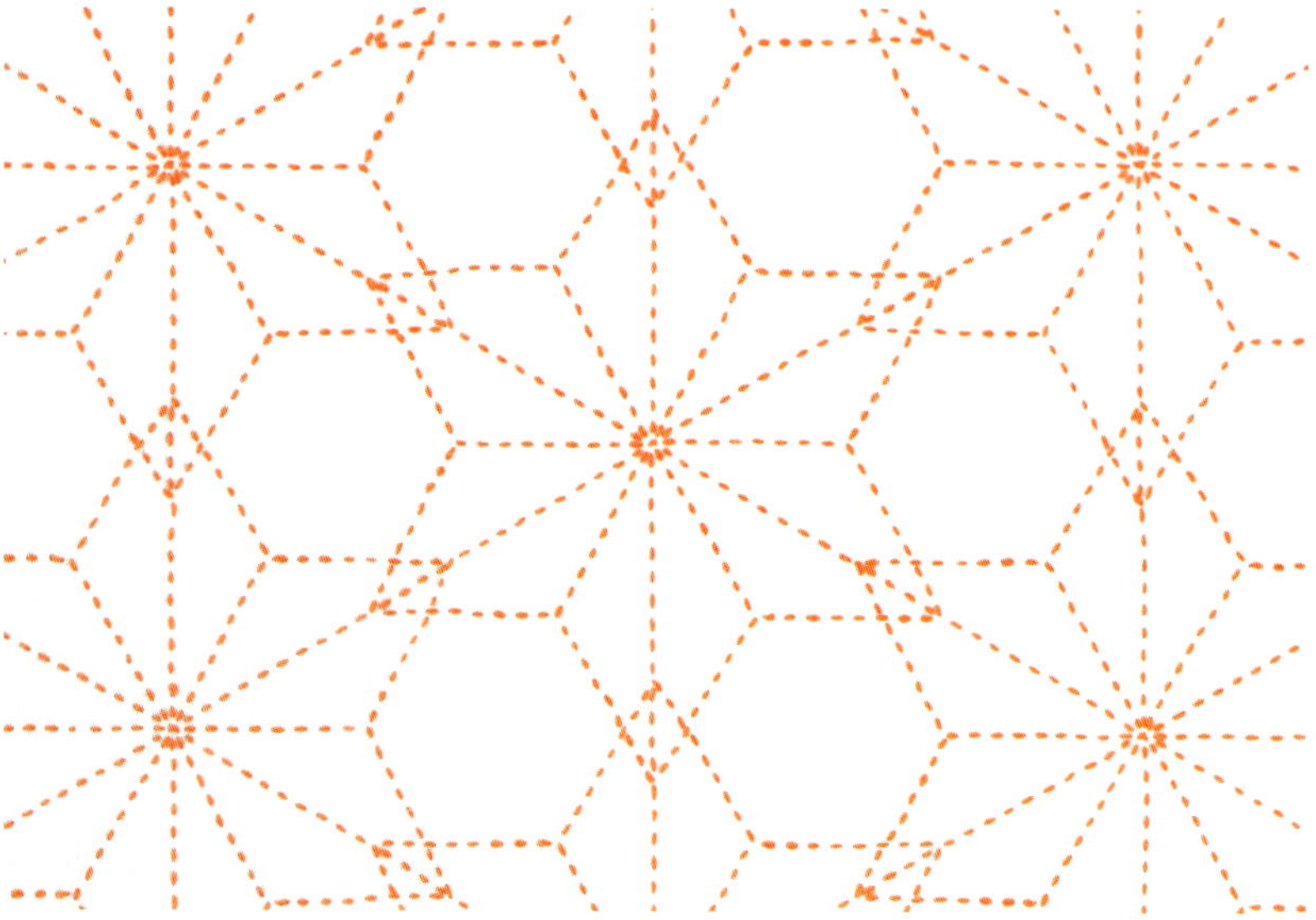

「重《かさ》ね亀《きっ》甲《こう》」

亀甲を縦横に重ねることで、井桁《いげた》と花びらが現れます。万年を生きるといわれる亀を重ねることで、めでたさが増します。（→38頁へ）

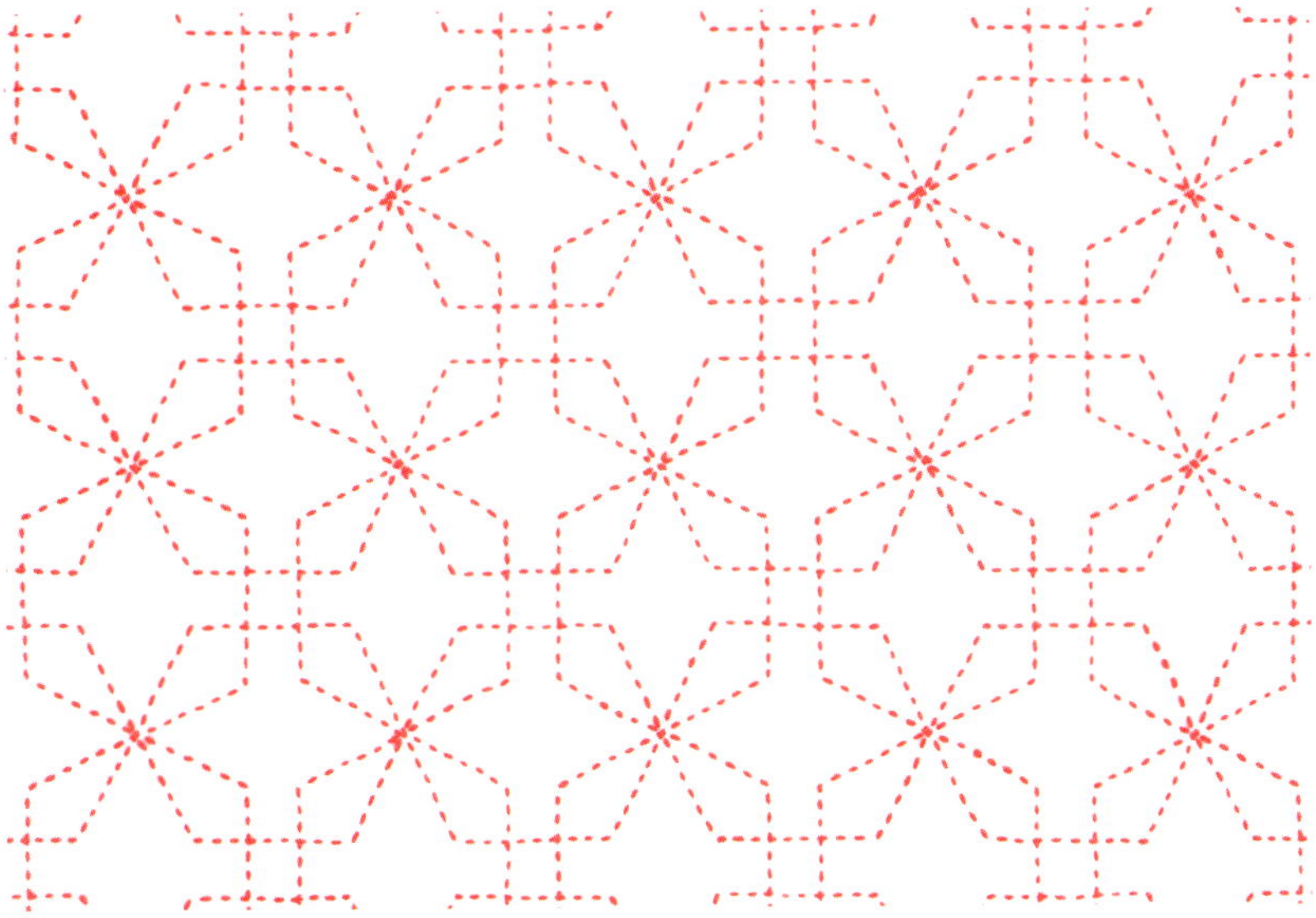

「変《か》わり雷《らい》文《もん》」

中国の伝統模様です。左巻の雷文は、良いことを巻き込むといわれます。巻き込みの渦が４つでひと模様となります。（→39頁へ）

「雷《らい》神《じん》（変わり雷文）」

渦巻の幅を変えて、雷神の上げた両腕と両足としています。虎の皮の褌《ふんどし》を着けた雷神は、太鼓をたたいてへそを狙うといわれています。（→40頁へ）

「八《はっ》角《かく》井《い》桁《げた》」

米を量る枡《ます》を表した収穫を祈る模様のひとつです。八角形は一斗枡、四角形は一升枡。「米」の文字を隠し入れ、豊作を願います。(↓41頁へ)

「変《か》わり角《かく》麻《あさ》の葉《は》」

そもそもこの模様は、布をたたみ、その折り目をたどりながら縦横斜めへと刺し進めたものでした。私は祖母から、蕗の葉をたたんで教わりました。(↓42頁へ)

「胡《ご》麻《ま》幹《がら》麻《あさ》の葉《は》」

秋に収穫を迎える胡麻は、茎を折ると、このような星形の断面が現れます。下線は、1cm枡の斜方眼を描いてから始めます。(↓43頁へ)

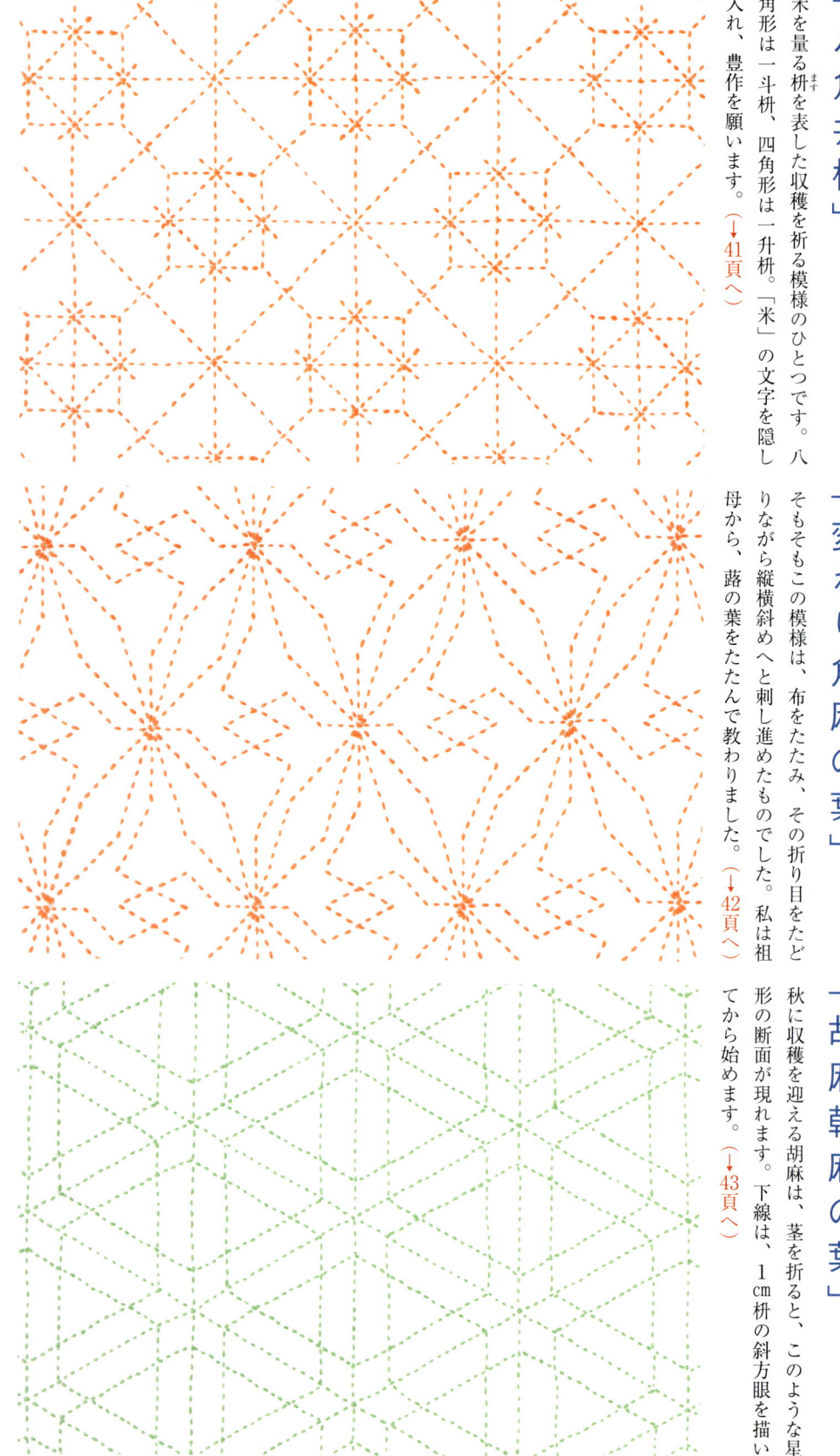

「二《に》重《じゅう》麻《あさ》の葉《は》」

6つの菱形の葉を、放射状に伸ばす麻。その葉を重ねて亀甲模様を作り、伸びゆく強さにめでたさを添えています。（↓44頁へ）

「七《しっ》宝《ぼう》」

円を連ねて永遠、円満、調和を表す吉祥文として親しまれています。ひとつの円に4つの円を重ねた連続模様です。（↓45頁へ）

「七《しっ》宝《ぼう》に割《わ》り菊《ぎく》」

中央に「七宝」、四隅に「割り菊」を配します。七宝を部分的に抜き出して、まるで花束のように表現しています。（↓47頁へ）

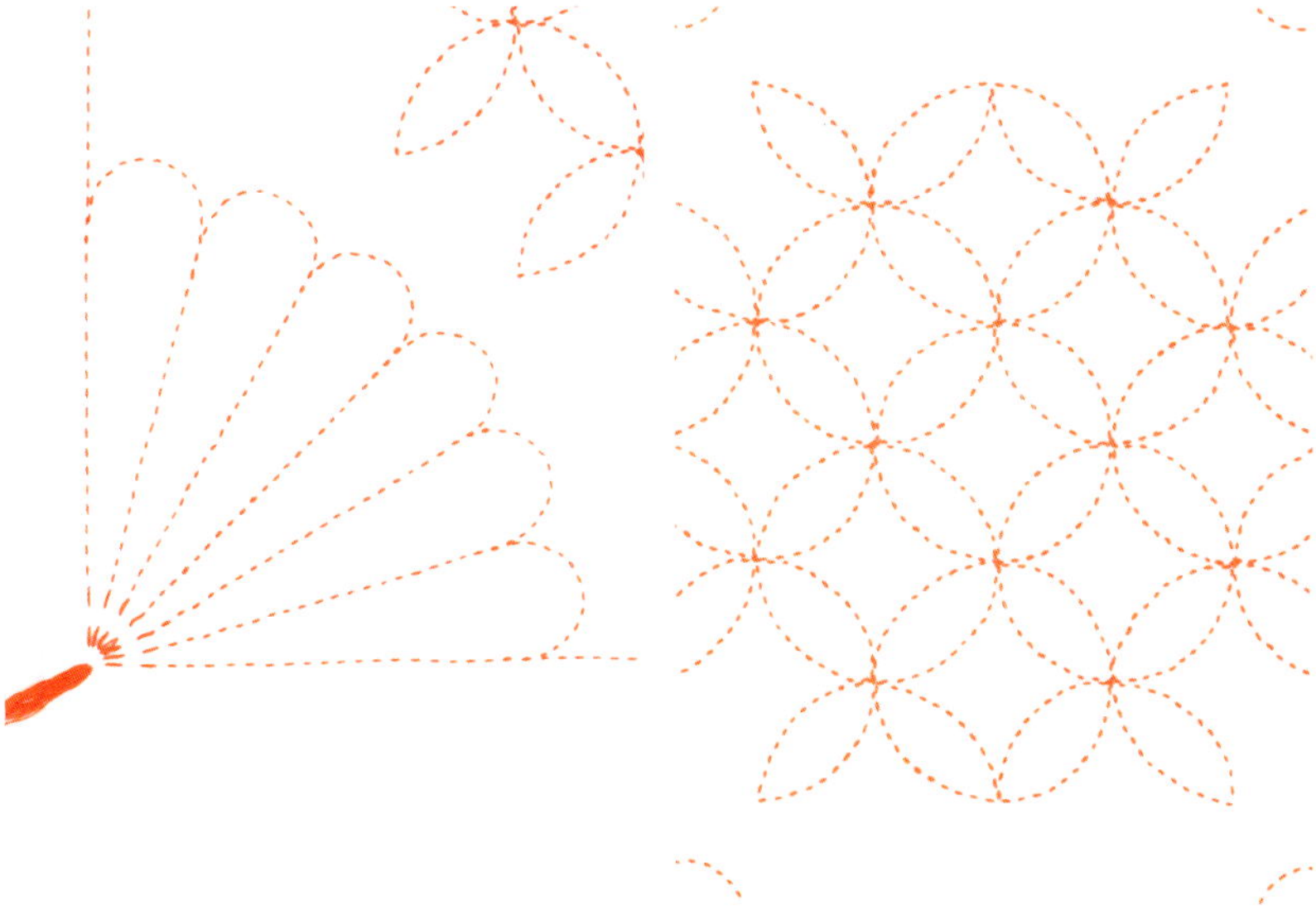

「巴《ともえ》つなぎ」

2つの半円を上下左右にならべると、雲形の空間がうまれ、巴卍となります。糸の色は写真のように、淡く、やさしい色がおすすめです。（→49頁へ）

「鳥《とり》襷《だすき》から巴《ともえ》唐《から》草《くさ》」

「鳥襷」は、尾長鳥が2羽向かい合わせに、輪違い型に連結した模様です。上の巴つなぎに、鳥襷を加えて、巴唐草となります。（→50頁へ）

「千《ち》鳥《どり》から巴《ともえ》唐《から》草《くさ》」

海辺で遊ぶ千鳥です。足が長く、羽を広げているのが特徴です。かわいらしくて品の良い鳥なので、祝いの席などによく似合います。（→51頁へ）

地刺し

布の補強や保温効果を高める地刺しの手法は、暮らしを支えてきた刺し子の原点ともいえます。表はもちろん、影（裏）もおどろくほど美しいのが、地刺しの花ふきんです。

「親亀《おやがめ》・子亀《こがめ》」

表は親亀。十字に刺した糸に、甲羅形に糸をかけます。裏の子亀は産まれたばかりで、からっこ（卵の殻）付き。親子はいつも表と裏で一緒です。（→55頁へ）

「花《はな》刺《ざ》し」

そもそも布の補強のために施された手法ですが、その愛らしさから、子ども服などの飾り刺しとしても親しまれています。（→57頁へ）

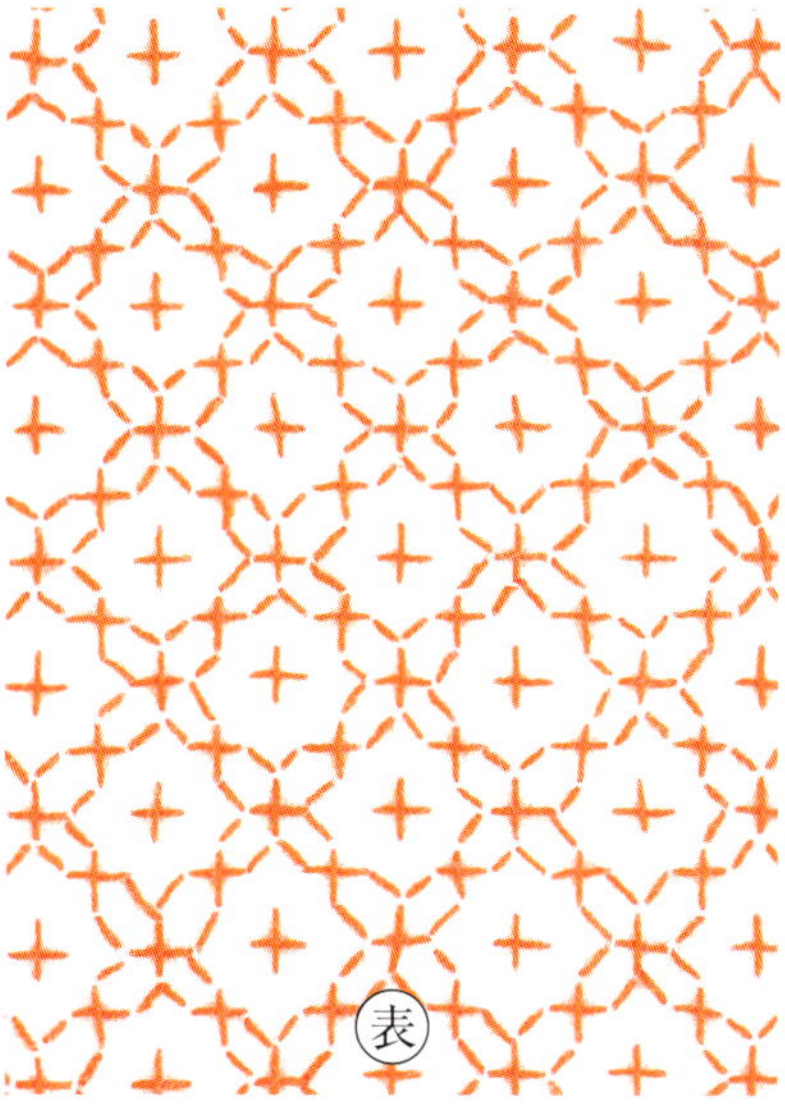

「笹《ささ》刺《ざ》し」

奥山の熊笹の葉に似ていることが、この名前の由来です。縦と斜めに針を刺し込むことで、布がしなやかになります。（→58頁へ）

「米《こめ》刺《ざ》し」

縦横斜めに刺し込み、「米」の字に。一針一針、一定の針目を保って、ひたすら刺す練習になる模様で、「基本刺し」とも呼ばれます。（↓59頁へ）

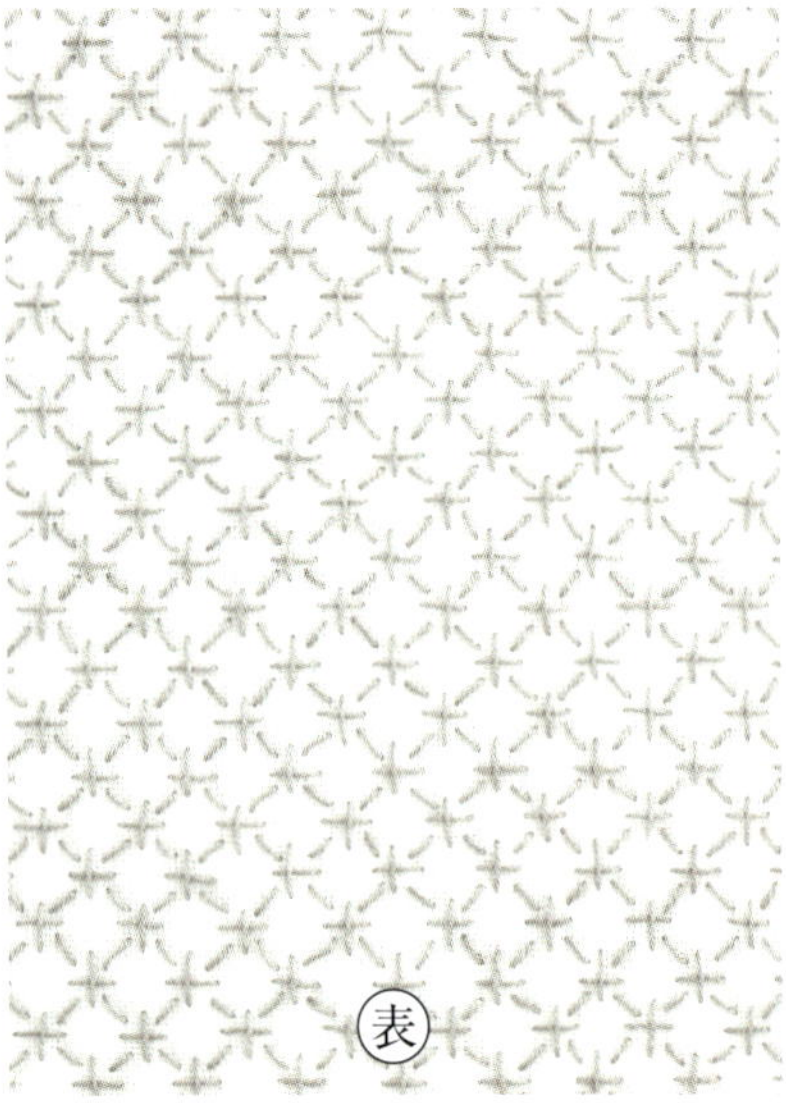

「山《やま》道《みち》（違い刺し）」

着る物に継ぎ当てをするときの基本の刺し方で、違い刺しの一種です。まるで、ジグザグにのびる山道のように見えます。（↓60頁へ）

「家《や》並《なみ》（違い刺し）」

屋根のような模様が広がる「家並」も、違い刺しの一種です。傷んだ布団皮《ふとんがわ》を繕うときにしばしば使われた刺し方です。（↓61頁へ）

「亀《きっ》甲《こう》応《おう》用《よう》」

亀の甲羅に似た八角形がならび、裏の模様も楽しい飾り刺しです。縦横斜めに針目を保ち、細かく針を刺し込んでいきます。（→62頁へ）

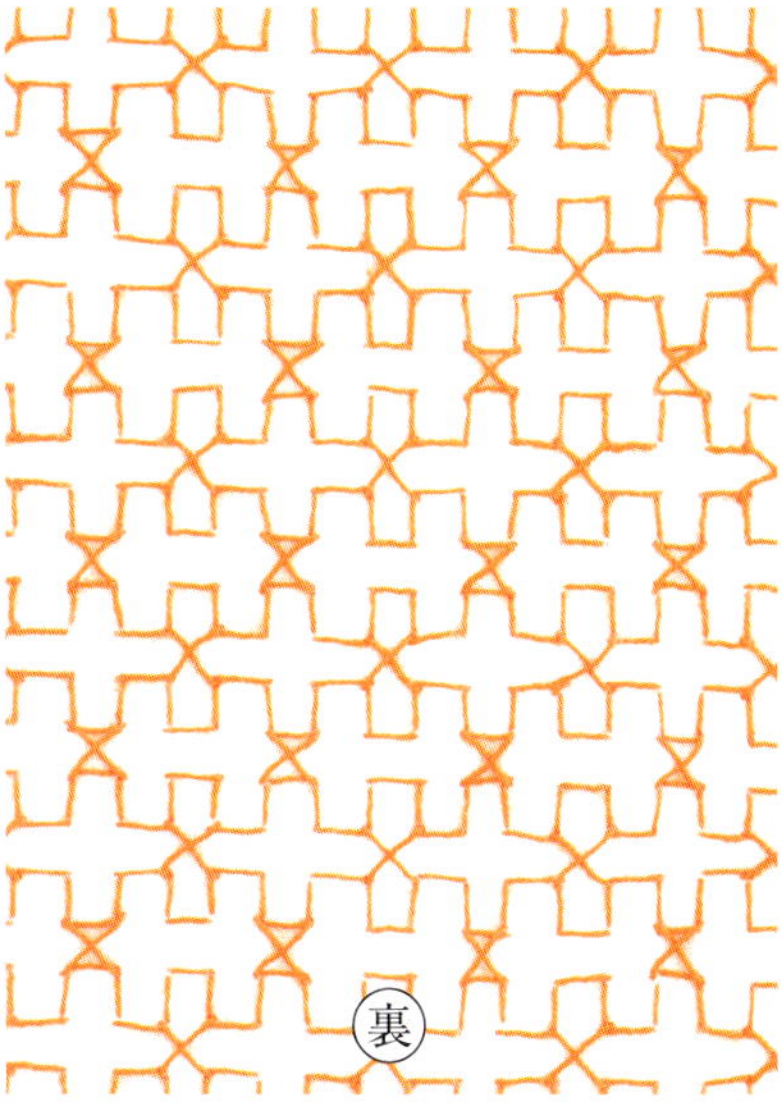

「六《ろく》文《もん》銭《せん》刺《ざ》し」

六文銭を模した模様で、亀刺しとも言います。縦横の針目を揃えて運針し、斜めにつなぎます。裏に返すと、八角形の亀は姿を消し、小さな枡が現れます。（→63頁へ）

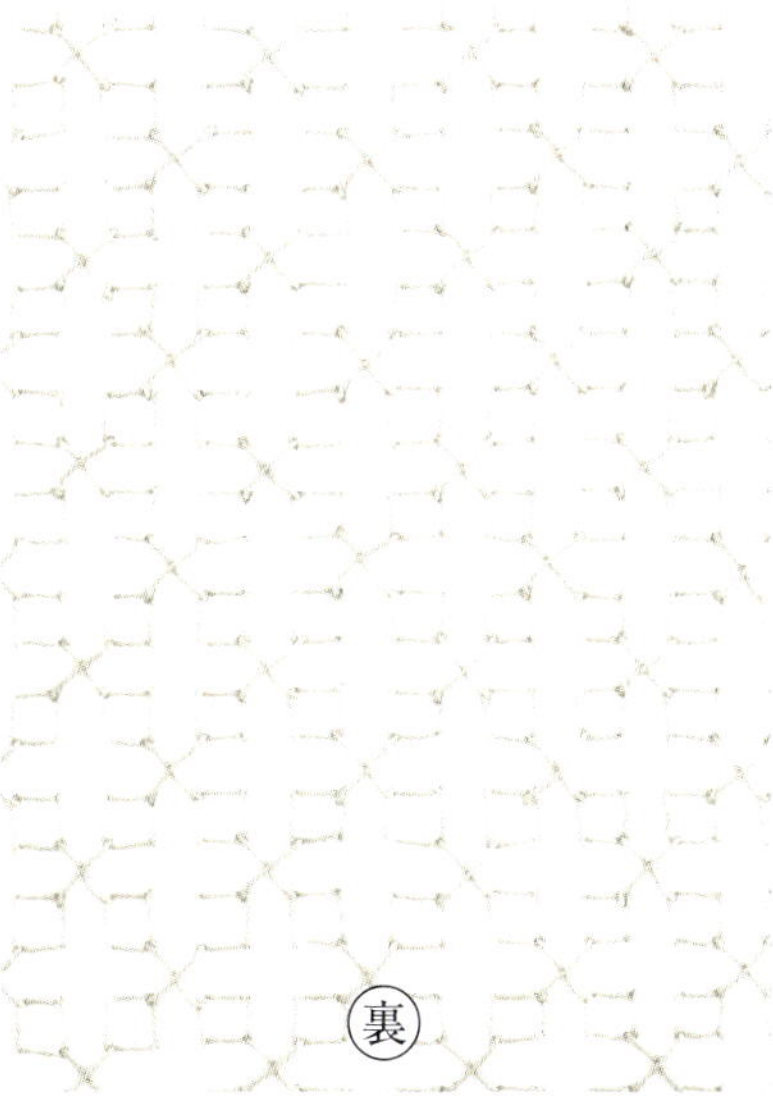

基本の作り方

本書では、1〜5の工程で作り方をお伝えしています。


　まずは、ひとつひとつの工程をていねいに進めることを目標にしましょう。先を急がず、仕上がりを楽しみながら、ゆっくりと進みましょう。

　刺し子は、根をつめてやるものではありません。刺すのは、一日に2時間位がちょうどよいでしょう。刺した布を一晩休ませると、木綿の特長で、布が自然と平らに戻り、針目が落ち着いてきます。

　一日の終わりに、糸を通した針を針山に用意しておくと、翌日はすぐに取りかかることができます。日々続けていくうちに、ただただ無心になり、それは、かけがえのない時間となっていきます。

作り方の工程

1と3と5は、すべての模様に共通する工程です。模様によって2と4が変わります。
※地刺しでは、2の工程はありません。

1　下地を作る

花ふきんのベースとなる下地を作ります。布と対話するように向き合い、下地をきちんと整えることができたら、半分は完成したようなものです。

2　下線を引く

模様刺しは下線をチャコペンで引きます。本書では線の引き方を下線図で案内しています。わかりやすいようにいくつかの色で表していますが、実際はピンクと青の2色のチャコペンで引くといいでしょう。

3　額縁を刺す

花ふきんのまわりを囲む「額縁」を刺します。布端からの幅は1㎝です。この幅をきちんととることが、花ふきんの上品さを際立たせます。模様刺しの場合、糸は2本取り、地刺しの場合は、糸は1本取りにします。針目はどちらも2㎜位です。

4　模様を刺す

模様刺しは、下線に沿って刺していきます。地刺しは針目を一定に保つことができる、上級者向けの刺し方になります。まずは、表裏の針目がなるべく同じ大きさになるよう、模様刺しで鍛えましょう。急がず、ゆっくり、しっかりと。

5　仕上げ

手洗いをし、アイロンをかけ、糸端の始末などをします。


次のページから、「紗綾形」模様の作り方を、ていねいにご紹介します。

ここですべての模様の基本の作り方がわかりますので、初めての方は「紗綾形」から刺してみましょう。

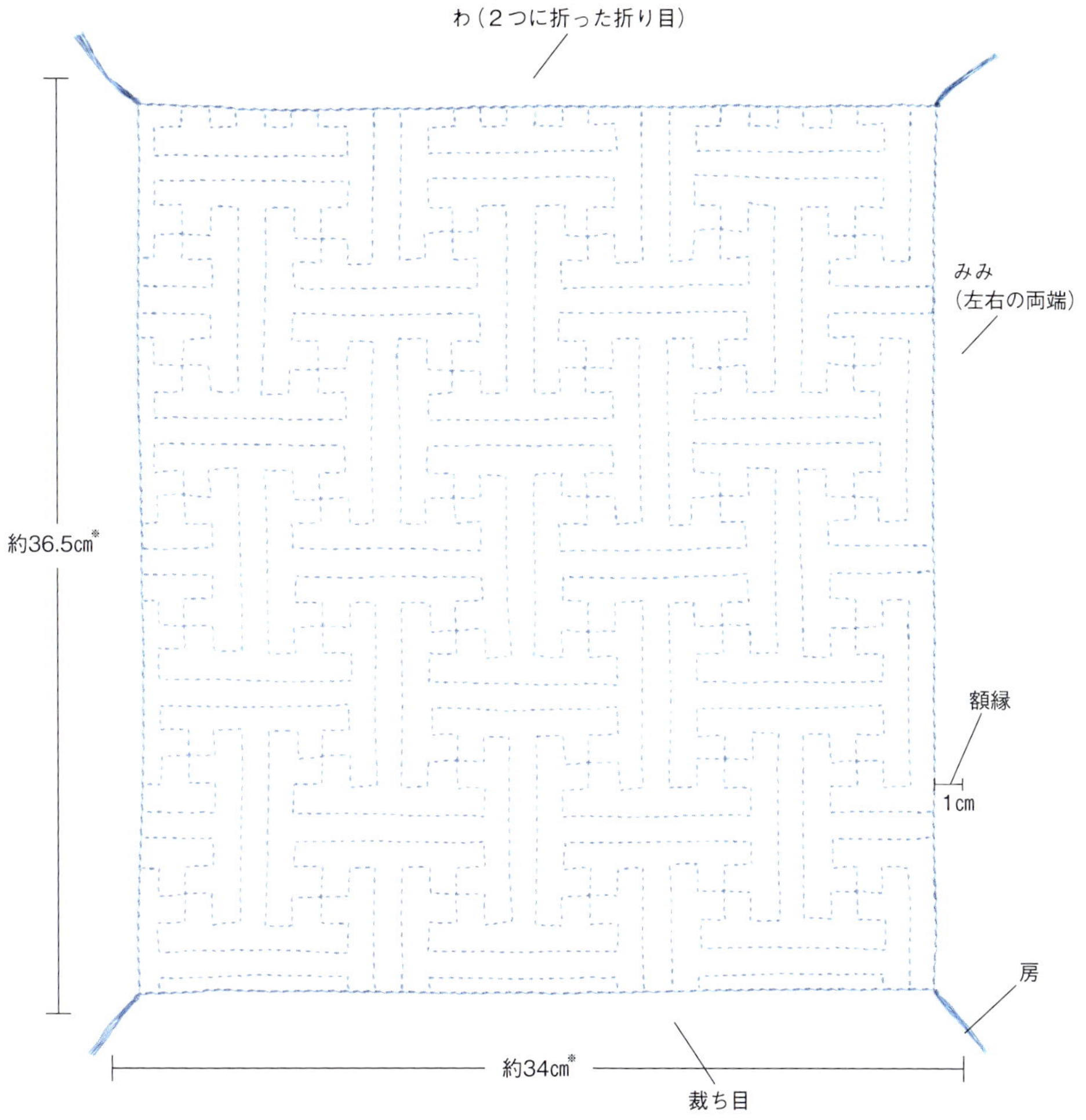
わ（２つに折った折り目）
みみ
（左右の両端）
約36.5cm※
額縁
1cm
房
約34cm※
裁ち目

模様刺し・直線
「紗綾形」

縦横まっすぐに針を進めて作る「紗綾形」。
まずはこの模様を、きちんと刺せるようになりましょう。

花ふきんは、さらしを二重に折ってから、額縁、模様の順で刺し、最後に房を作ります。
やや縦長に仕立てると、正方形にない美しさが感じられます。使う時は、わを客人の方へ向けます。
※サイズは、さらしによって多少異なります。

材料と道具

◎さらし
幅約34cm、長さ約10m以上の1反さらし木綿を使います。経糸《たていと》と緯《よこ》糸《いと》が同じ太さで、糸節の少ないものが刺しやすくおすすめです。裏表は気にしなくて大丈夫です。

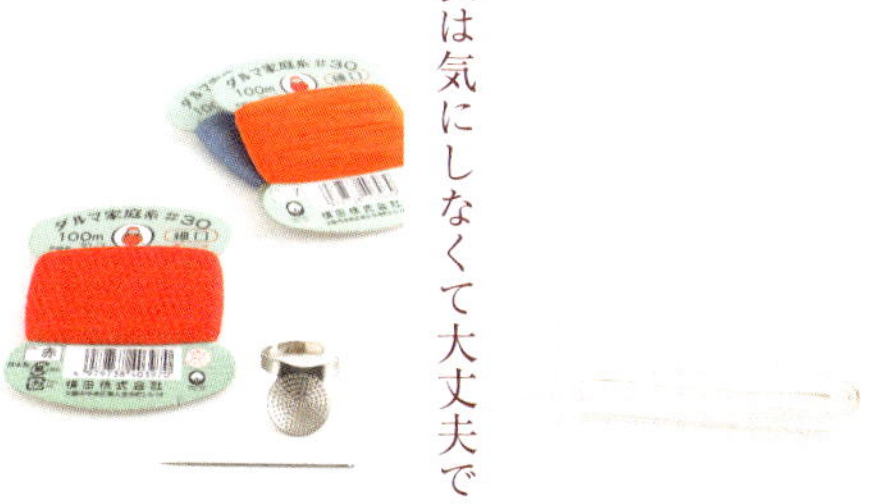

◎糸、針、指ぬき
今回は、模様刺しはカード巻の木綿30番、地刺しは30番ないし、20番の糸を使いました。色は伝統的には赤を用いますが、最初は針目が目立たない淡い色で刺してみましょう。針は、長さ5cmほどの「溝大《みぞおお》くけ」。長針用の指ぬきを使うと刺す時によい長さです。指ぬきは皿付きのものを中指の付け根にはめて使います。

◎チャコペン、定規
細い線をうっすらと引くために、鉛筆タイプのチャコペンの先をよく削ります。今回はわかりやすいようにピンクと青の2色を使って書きます。定規は透明の5mm方眼のものだと、方眼線を引きやすいです。

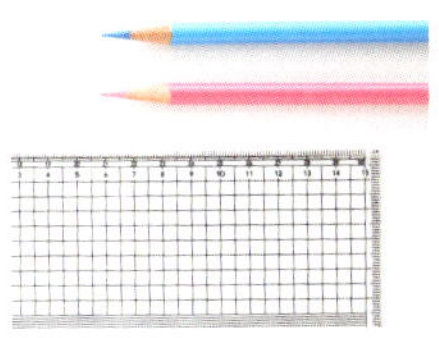

◎はさみ、待針、白い木綿糸、アイロン、ポリ袋
普段お使いのもので結構です。

模様刺し・基本の刺し方

まずは練習として、さらしを切ったものにチャコペンで直線を引いて、刺してみましょう。
ほんの少しだけ針先を出して、ゆっくりと刺していきます。

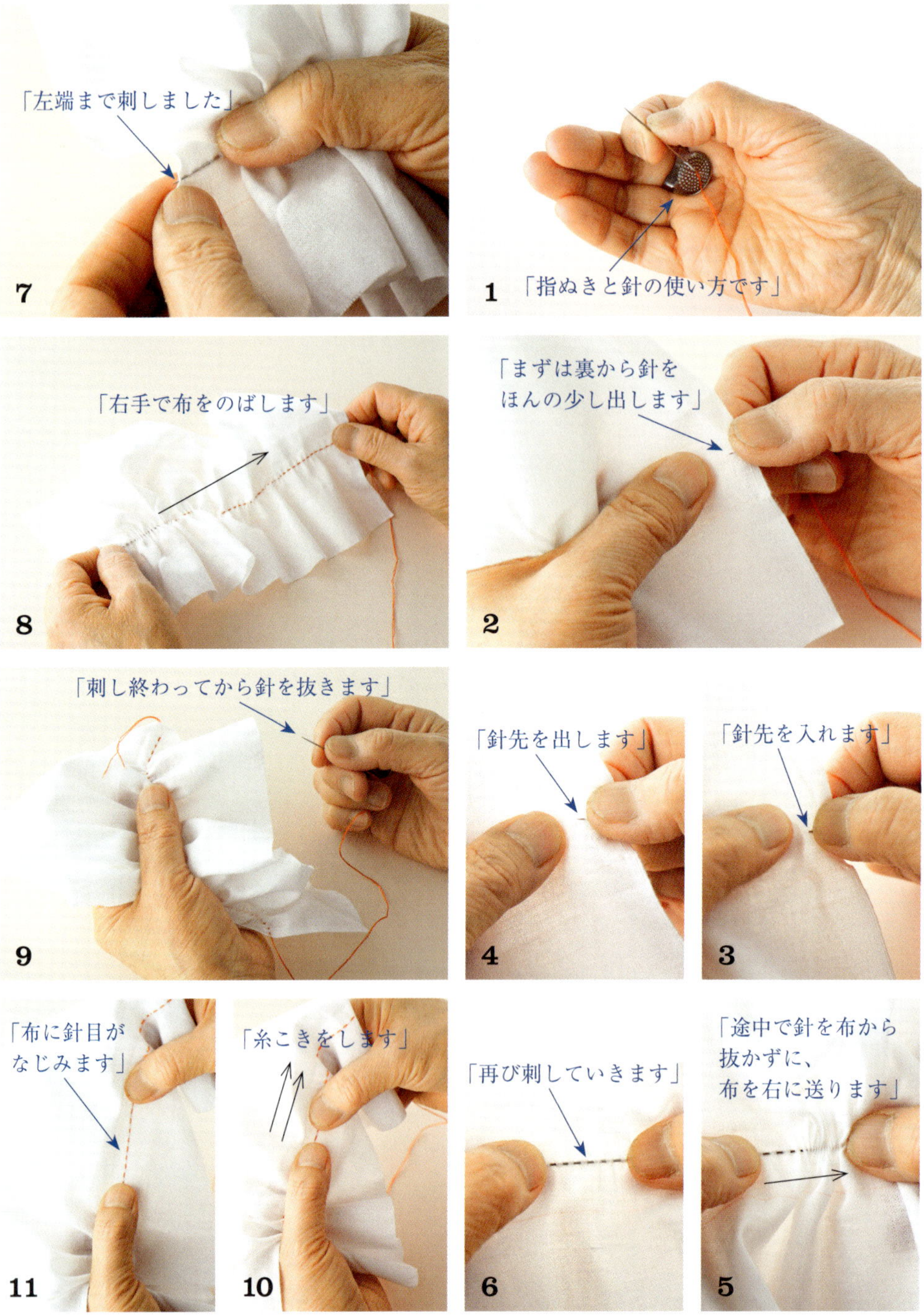

1
「指ぬきと針の使い方です」
2
「まずは裏から針をほんの少し出します」
3
「針先を入れます」
4
「針先を出します」
5
「途中で針を布から抜かずに、布を右に送ります」
6
「再び刺していきます」
7
「左端まで刺しました」
8
「右手で布をのばします」
9
「刺し終わってから針を抜きます」
10
「糸こきをします」
11
「布に針目がなじみます」

1 指ぬきは中指にはめて、親指と人さし指で針を持ち、指ぬきの皿に針の頭を付けます。

2 刺し始めの部分に、裏側から表に針を出します。右手は親指以外の指を布の下に置き、親指と人さし指で布と針を持ち、針先を1目分（2～3㎜位）出します。右人さし指を針の下に添えます。

3・4 左人さし指で布を持ち上げ、右親指で針を布の中に1目分入れます。次に、左親指で布を下げ、1目分出します。この動きを繰り返します。

5・6 直線を刺し終わるまで針を抜かず、針に布がたまったら右に布を移動させます。

7～9 すべて刺し終わったら、布を右へのばし、針を抜きます。刺し始めに糸端を少し残す位まで糸を引きます。

10・11 糸こきをします。針を抜き、布を返して、左手の人さし指と親指で刺し始めの針目の上をはさみ、右手で2～3㎝ずつ右の方に引いて、布を平らに整えます。

1 下地を作る

さらしは布目が少しゆがんでいます。まっすぐに整える「地のし」をしながら、ふきんの下地を作りましょう。

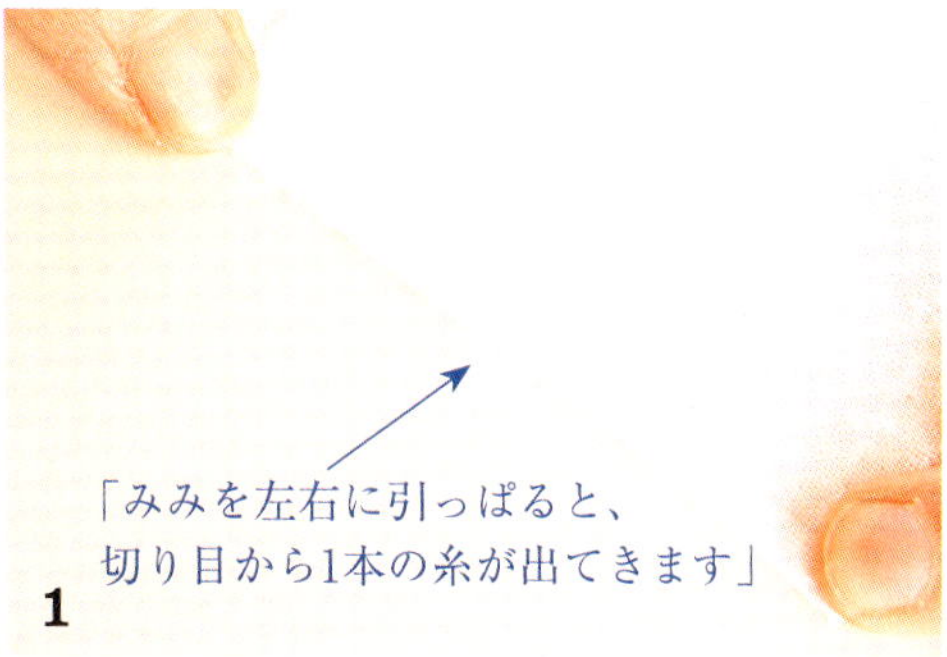
「みみを左右に引っぱると、切り目から1本の糸が出てきます」
1

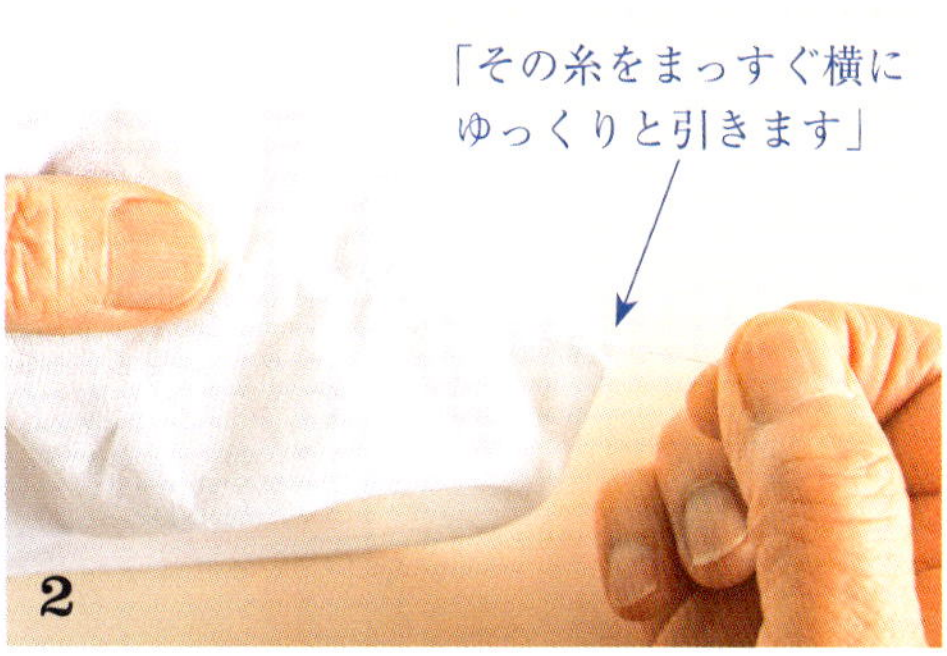
「その糸をまっすぐ横にゆっくりと引きます」
2

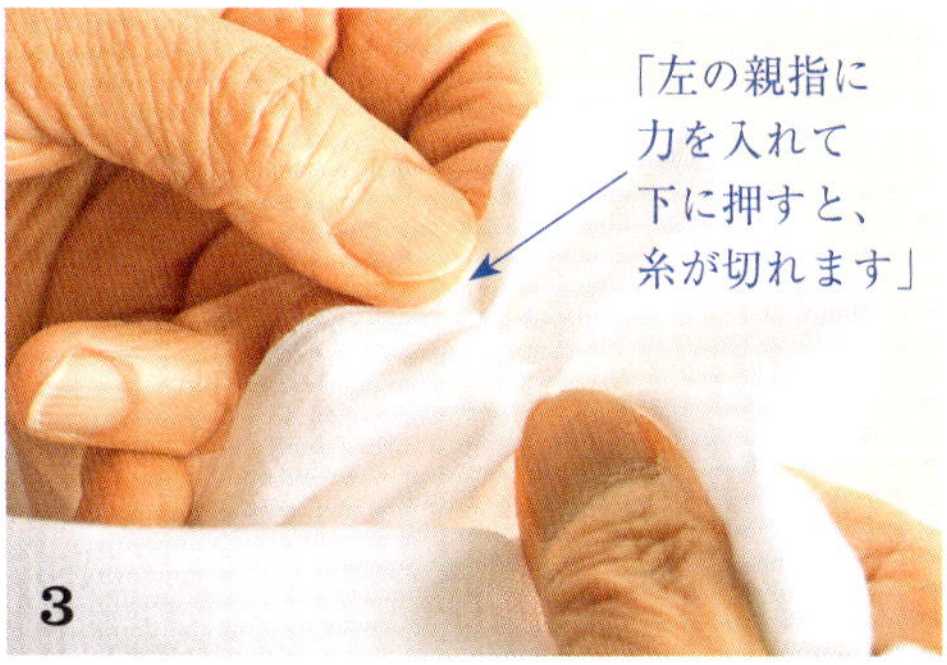
「左の親指に力を入れて下に押すと、糸が切れます」
3

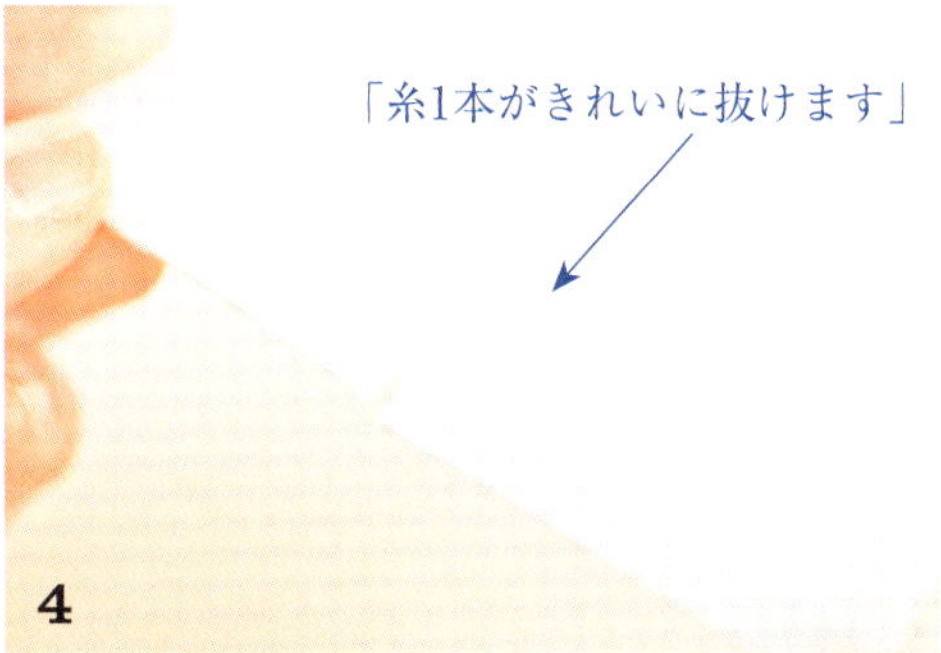
「糸1本がきれいに抜けます」
4

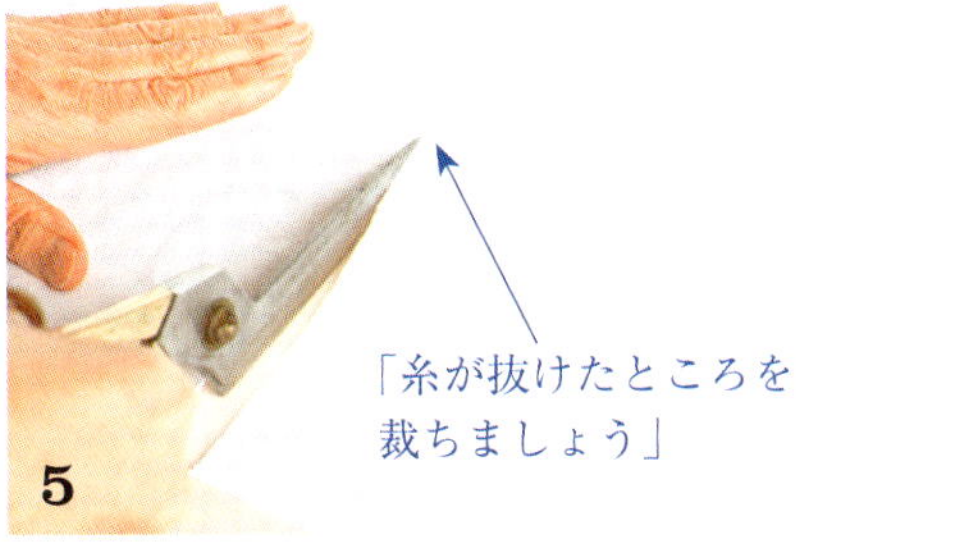
「糸が抜けたところを裁ちましょう」
5

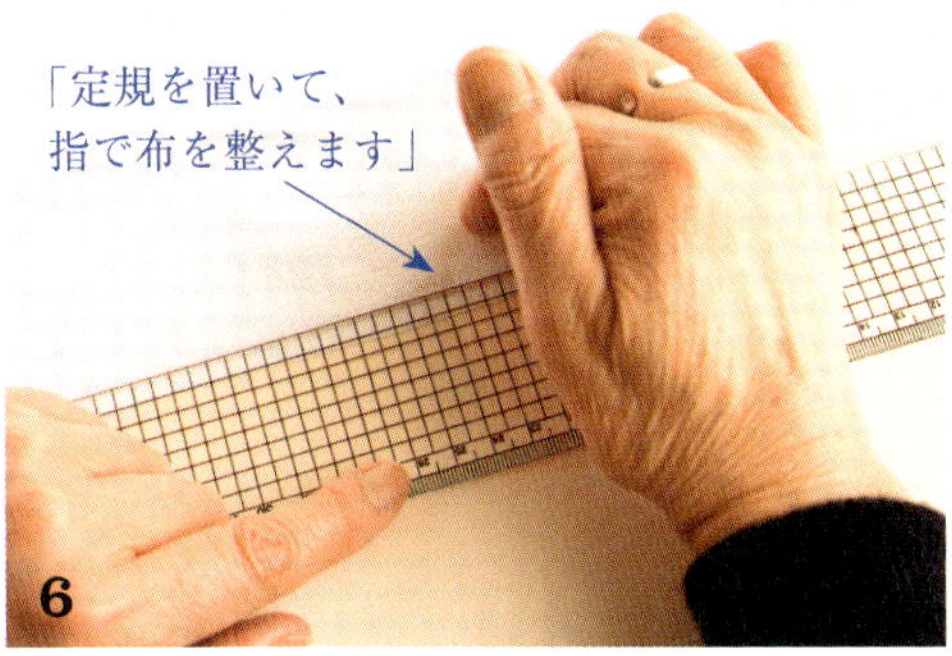
「定規を置いて、指で布を整えます」
6

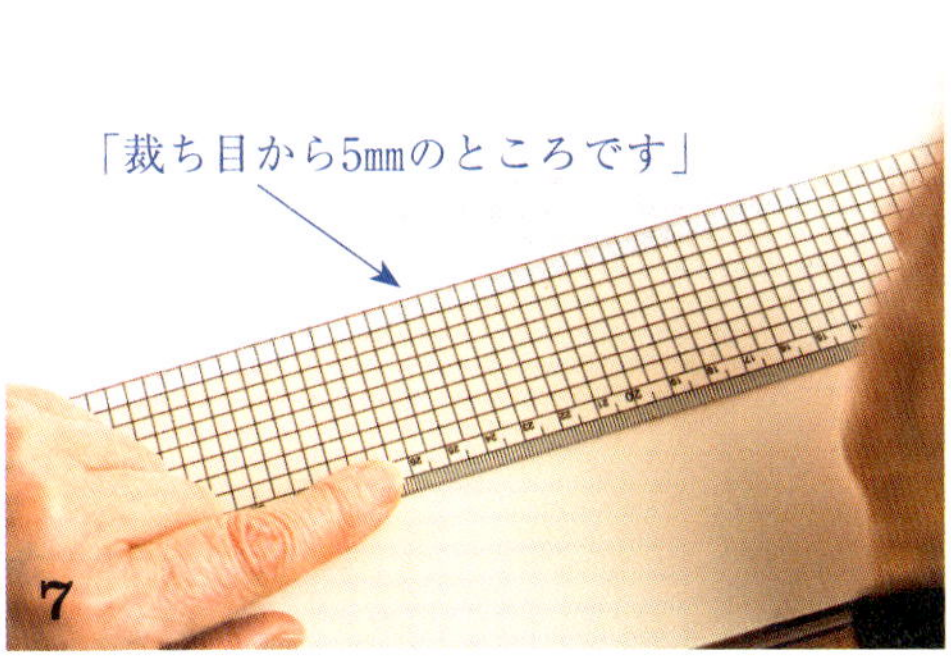
「裁ち目から5㎜のところです」
7

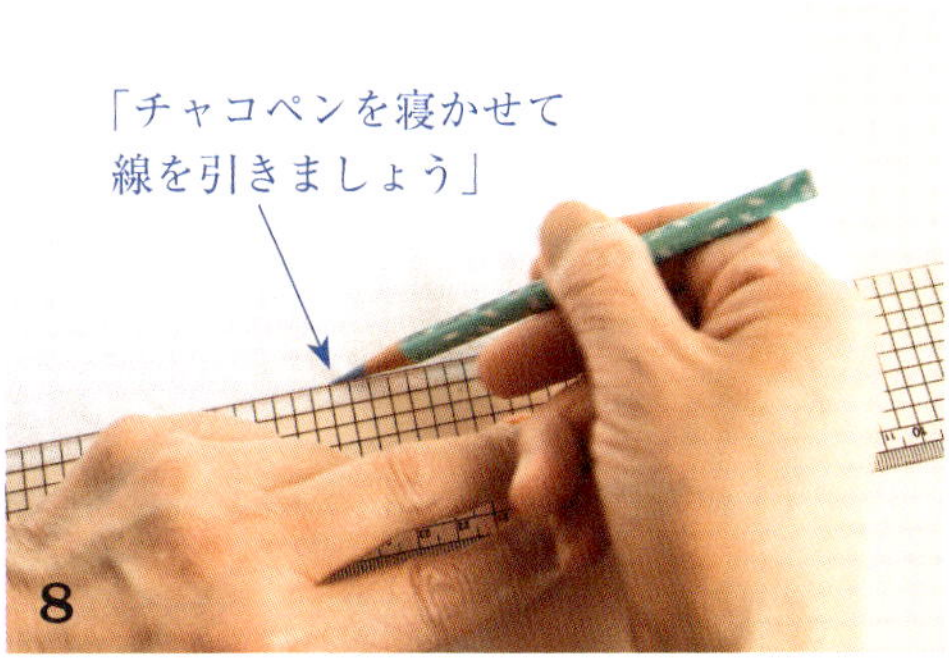
「チャコペンを寝かせて線を引きましょう」
8

1 さらしの裁ち目から、さらしの幅の2倍＋6㎝位のみみの部分に、はさみで5㎜ほど、直角に切り目を入れます。すると緯糸が1本出てきます。

2 左手で布を持ち、右手でその糸をゆっくりと引きます。布のなかの引いている糸を左手で探して、布を左に寄せていきます。

3 布のしわを左端に寄せたら、糸の根元を左親指で押し、根元から糸を切りゆっくりと抜きます。根元をしっかりと押さえずに強く引くと、途中で糸が切れてしまいます。

4・5 糸が抜けたところの線をはさみで裁ちます。左手で布を押さえて固定し、はさみを机に付けながら、はさみの刃元から切り進めます。

6・7 裁ち目から5㎜のところに定規を置きます。布がゆがんでいるので、左手で定規を固定させて、右手の人さし指で布を少しずつ動かし、調整します。

8 定規を置いたところに線を引きます。チャコペンはよく削っておき、寝かせながら引くと、細い線が引けます。

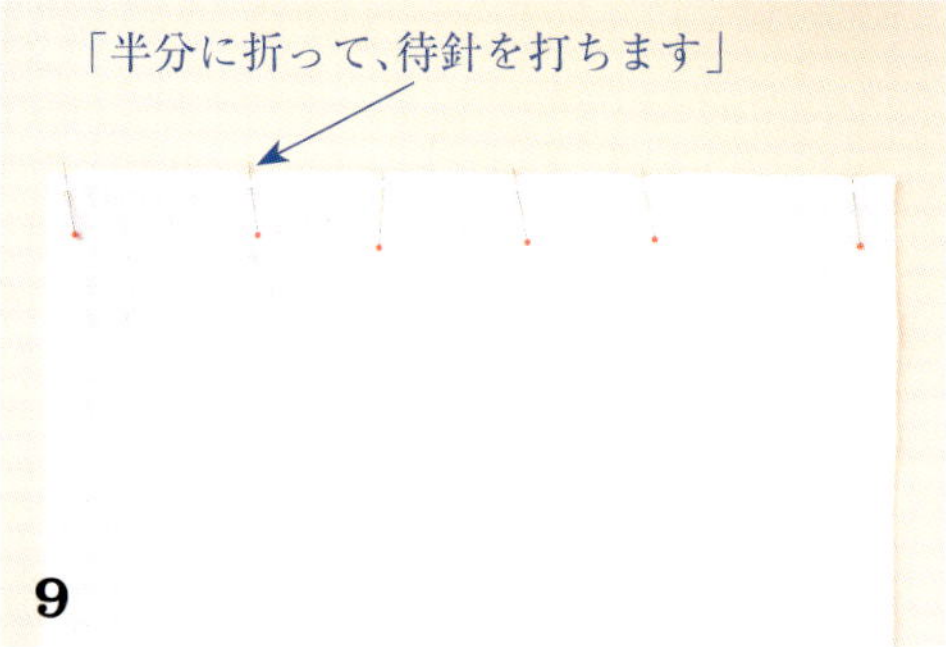
「半分に折って、待針を打ちます」
9

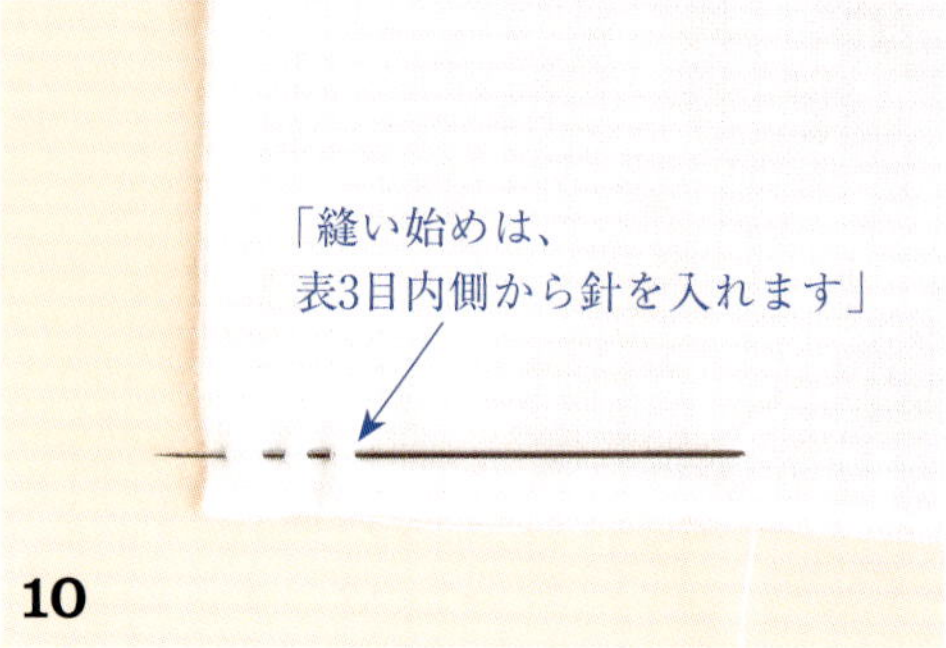
「縫い始めは、
表3目内側から針を入れます」
10

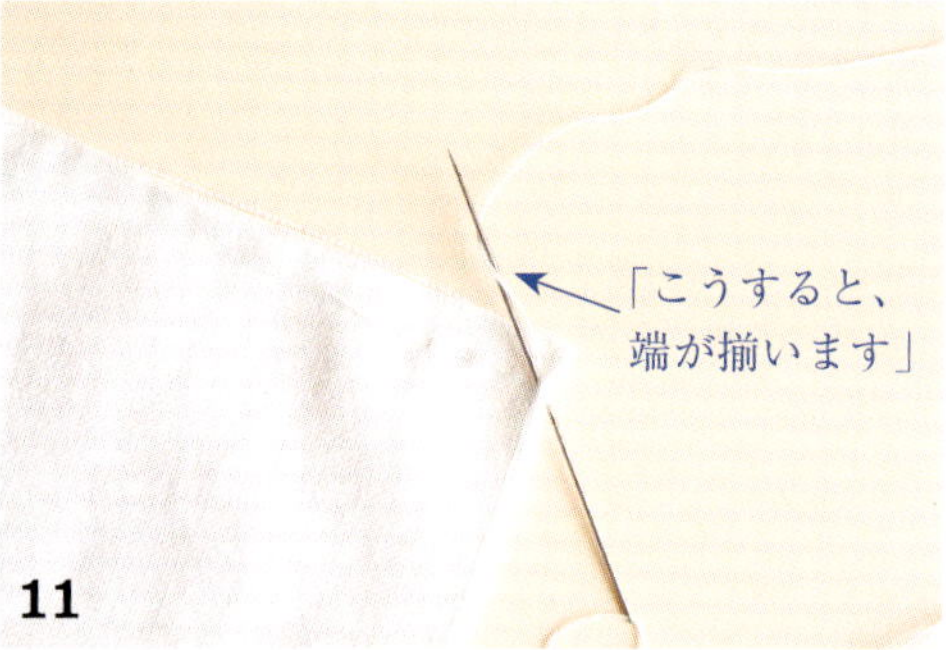
「こうすると、
端が揃います」
11

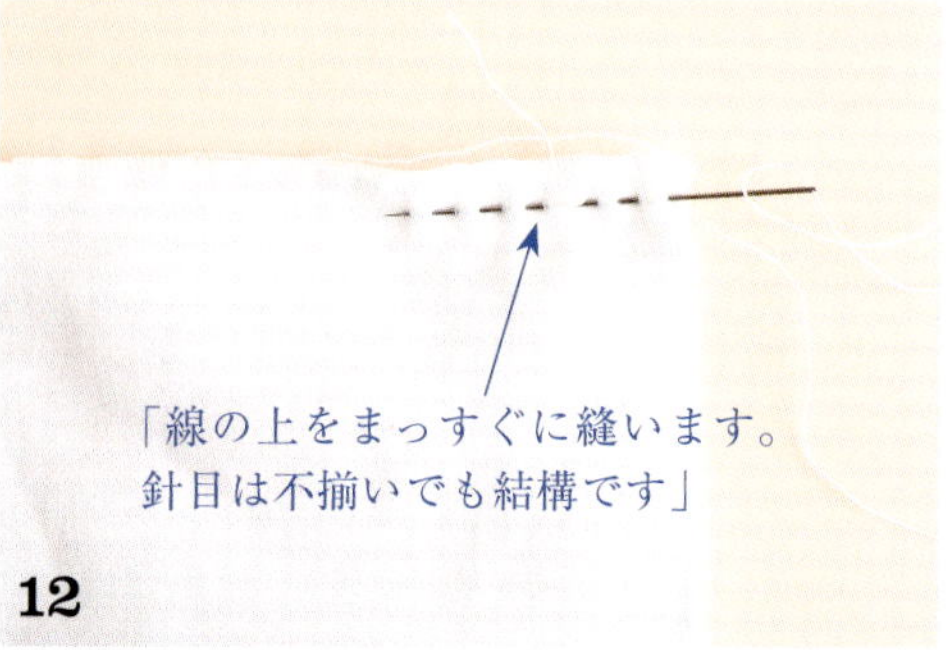
「線の上をまっすぐに縫います。
針目は不揃いでも結構です」
12

「縫い目に沿って折り、
アイロンをかけます」
13

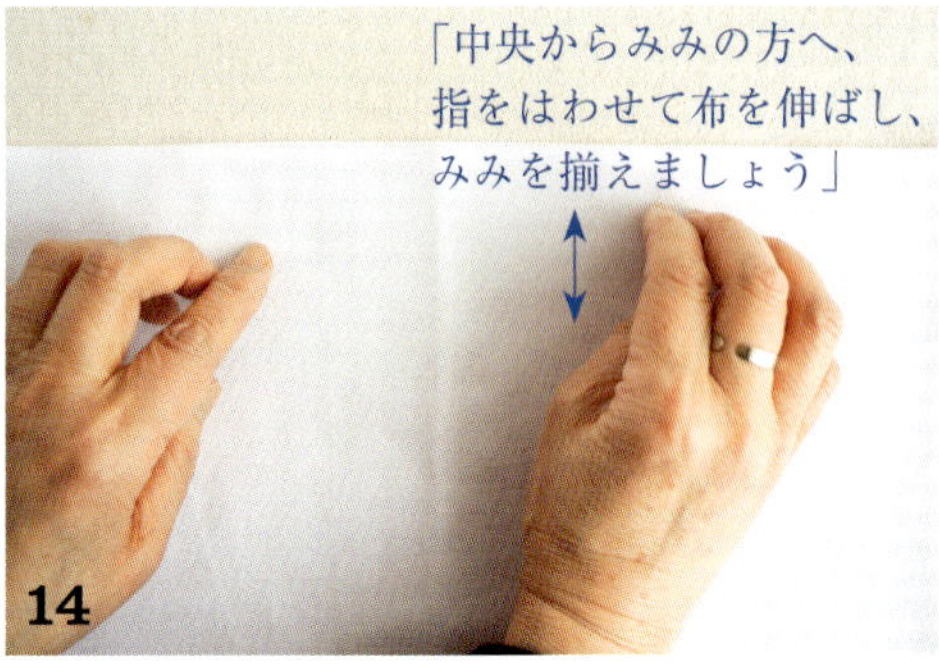
「中央からみみの方へ、
指をはわせて布を伸ばし、
みみを揃えましょう」
14

「中央からアイロンをかけます」
15

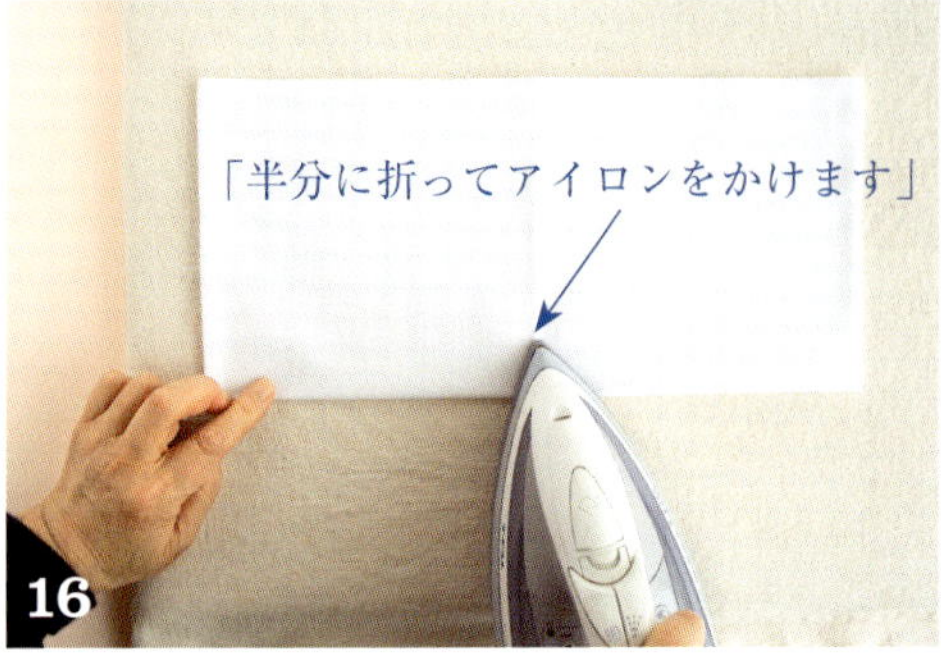
「半分に折ってアイロンをかけます」
16

9 布を半分に折り、5cm間隔位で待針を打ちます。

10 白い木綿糸を幅＋15cm位取ります。1本取りで玉結びは作りません。線の上の、端から1.2cm位内側のところに針を入れ表3目刺し、針を引き抜き、糸端を1cm位残します。

11 縫い終わりのところに裏から針を刺し、糸にくぐらせて針を抜き、糸をしめます。

12 続けて線の上を縫います。最後は糸こきをし、11の手順と同様にし、内側へ表3目刺して糸端を1cm位残して糸を切ります。

13 縫い目沿いに被《きせ》をかけず折り、空《から》アイロンをかけます。

14 布を裏返して表を出し、上下両脇の布を揃えます。

15 アイロンを中央に置き、押さえてしわをのばします。この時、「わ」にはかけません。返して同様にし、このとき「わ」にもかけます。

16 「わ」を手前に置き、半分に折り上げて中央にアイロンの先を置き、水平の折り線を付けます。開いて90度回転させ、同様に折ってアイロンをかけ、十字の線を付けます。

2 下線を引く

最初は少しずれても大丈夫。落ち着いて、ていねいに引きましょう。
複雑に見える模様も、慣れると楽しく引けますよ。

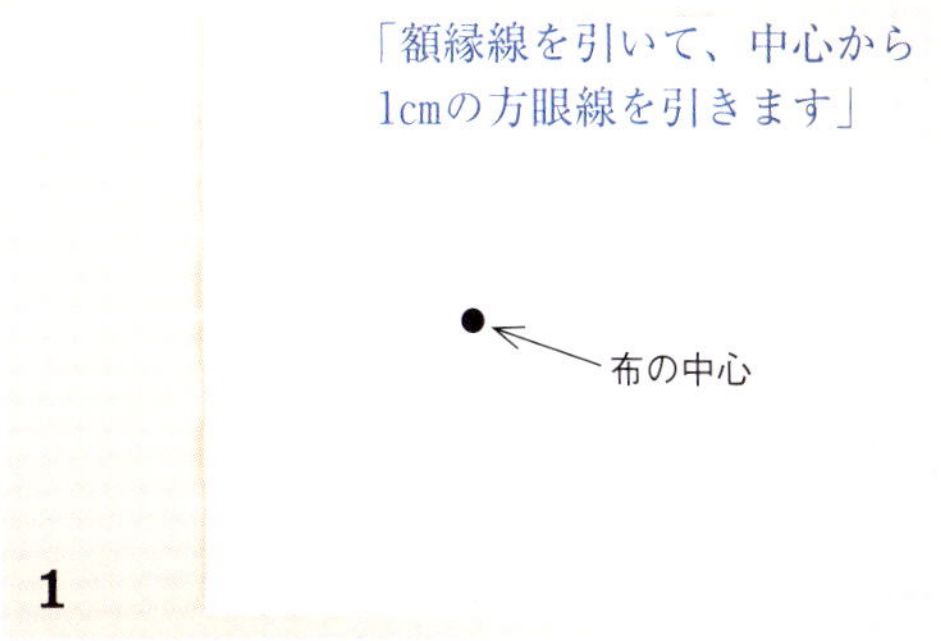

「額縁線を引いて、中心から1cmの方眼線を引きます」
布の中心

1

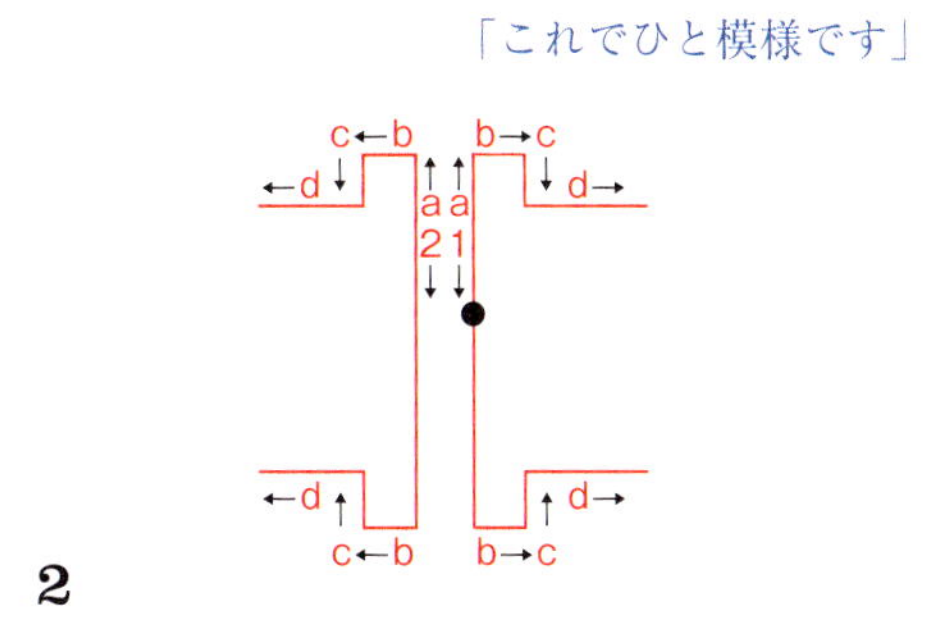

「これでひと模様です」
c←b
b→c
←d
d→
a2
a1
←d
d→
c←b
b→c

2

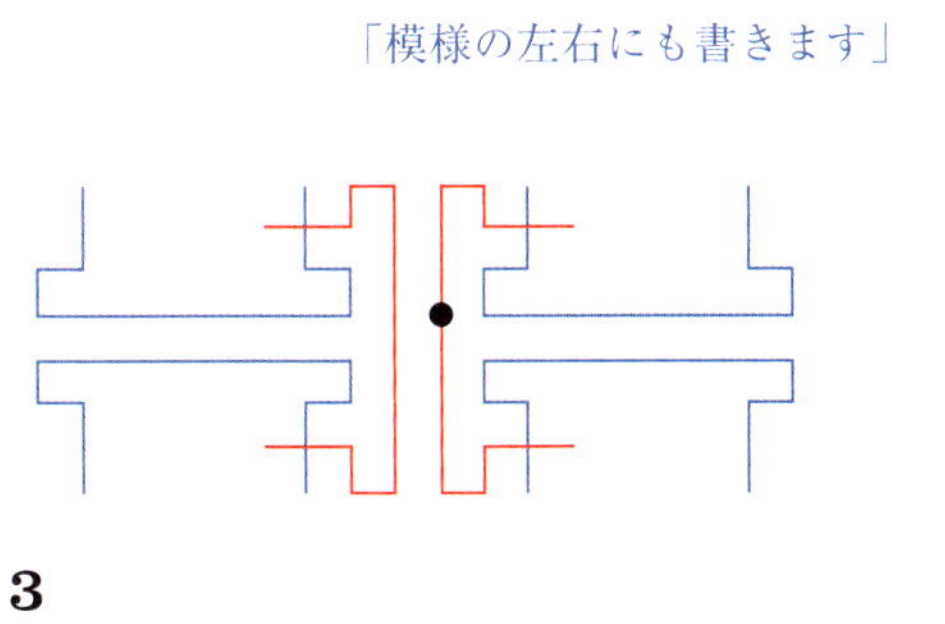

「模様の左右にも書きます」

3

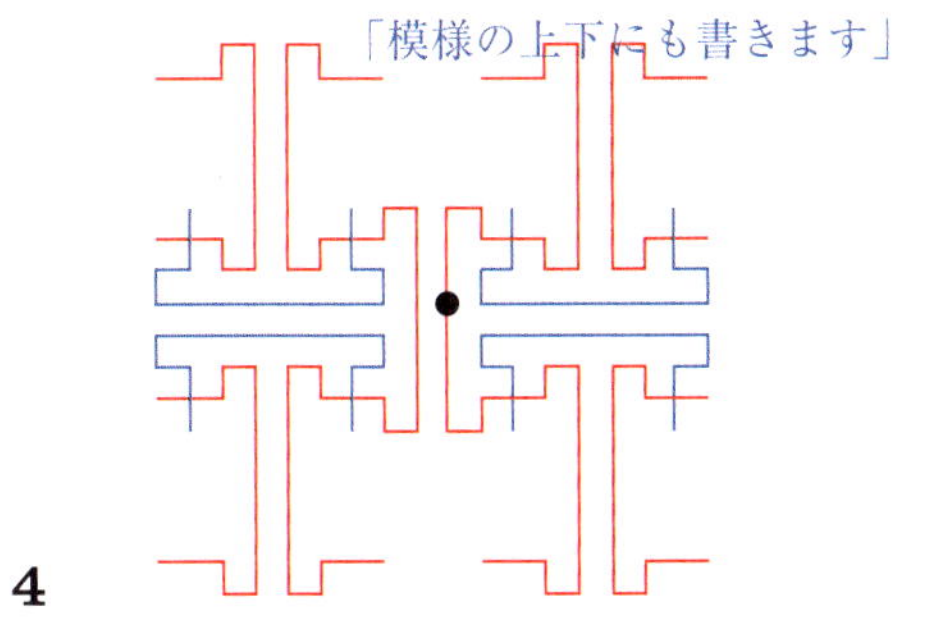

「模様の上下にも書きます」

4

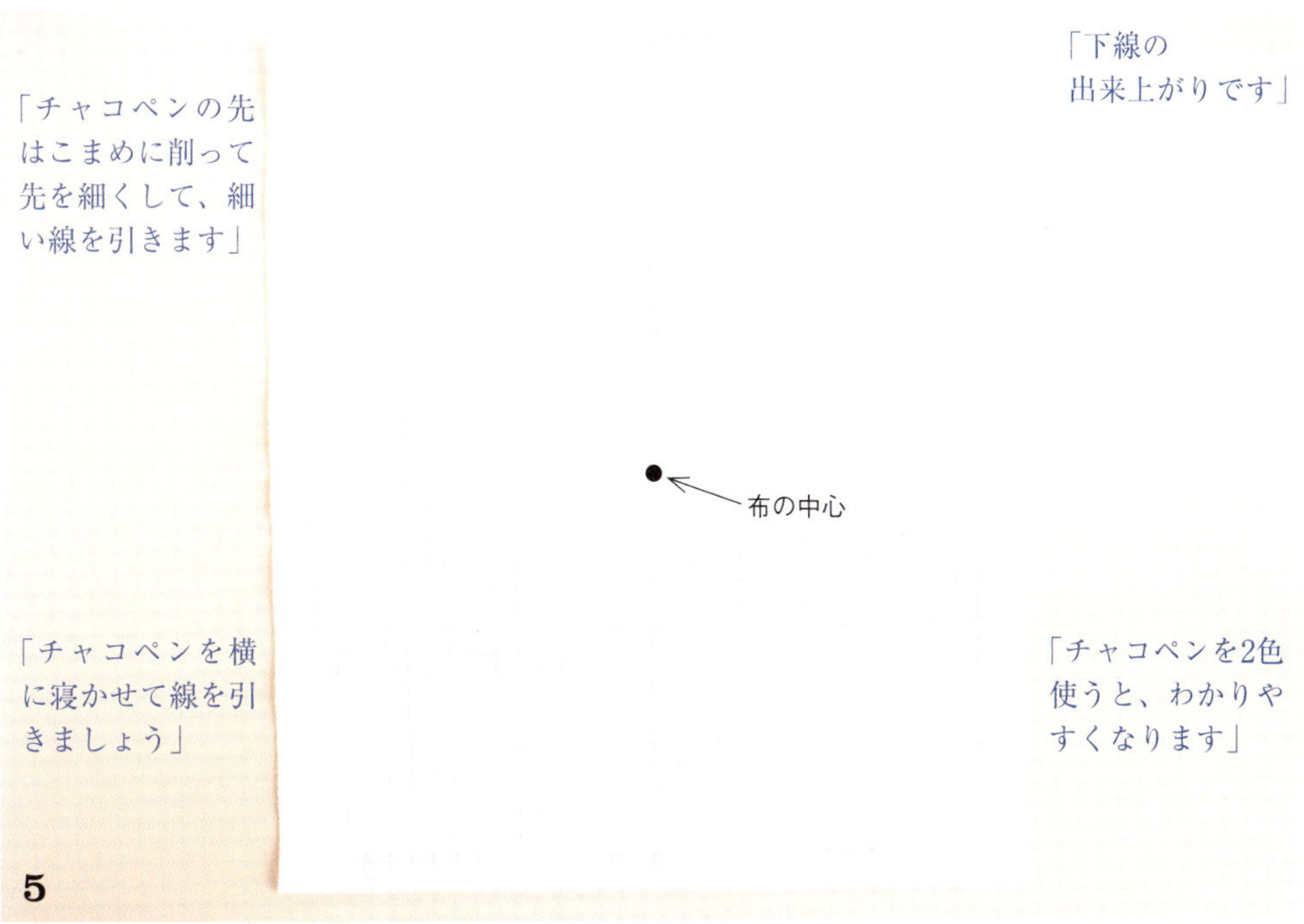

「下線の出来上がりです」
「チャコペンの先はこまめに削って先を細くして、細い線を引きます」
布の中心
「チャコペンを横に寝かせて線を引きましょう」
「チャコペンを2色使うと、わかりやすくなります」

5

1 裁ち目を手前に置きます。4辺とも、端から1cmのところに、額縁線をチャコペンで引き、中心から1cmの方眼線をうすく引きます。

◎さらしの幅や、ペンの線の太さにより、枡目が増減しますが、中心から線を引いていれば、枡目の数が違っても仕上がりに問題はありません。

2 チャコペンで中心から上に3枡、下に4枡の7枡線を引きます（a1）。その1枡左にも同様に7枡線を引きます（a2）。それぞれの線の上下に1枡外向きに線を引いて（b）、それぞれ1枡内側に線を引き（c）、外に2枡引きます（d）。

3 2とはチャコペンの色を変えて、2の左右に写真の青線の模様を書きます。7枡線から引くとわかりやすいです。

4 3の模様の上下にも写真の赤線の模様を書きます。すると、2の模様とつながります。線がつながるところは同じ色のチャコペンで引きます。

5 3と4を繰り返して、すべての模様の下線を引きます。

作り方の写真は、19頁の出来上がりより、縦・横とも2枡ずつ多くなっています。

3 額縁を刺す

それでは、さらしに刺してみましょう。最初は額縁から刺します。

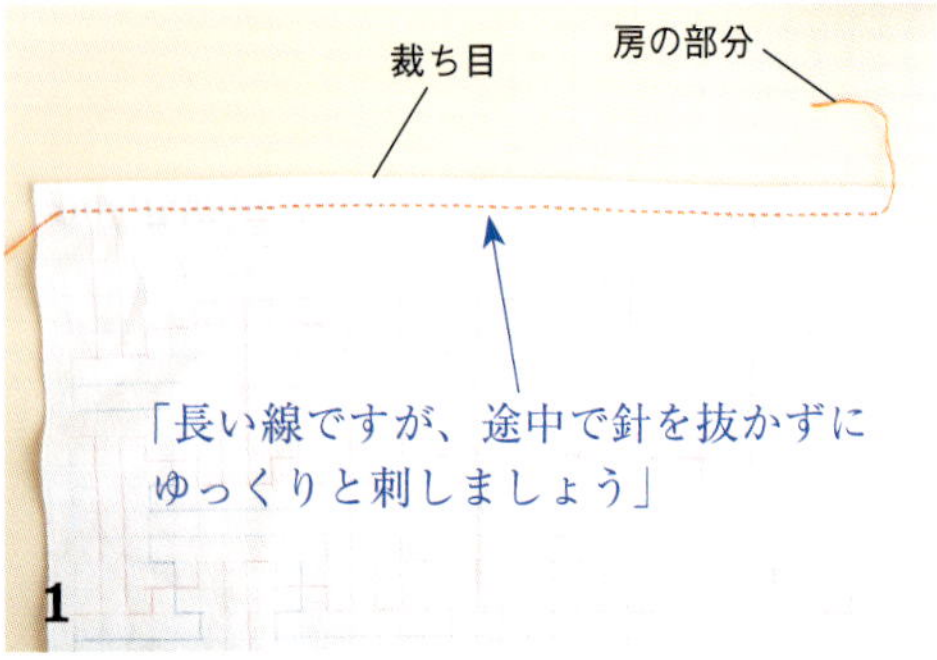
裁ち目
房の部分
「長い線ですが、途中で針を抜かずにゆっくりと刺しましょう」
1

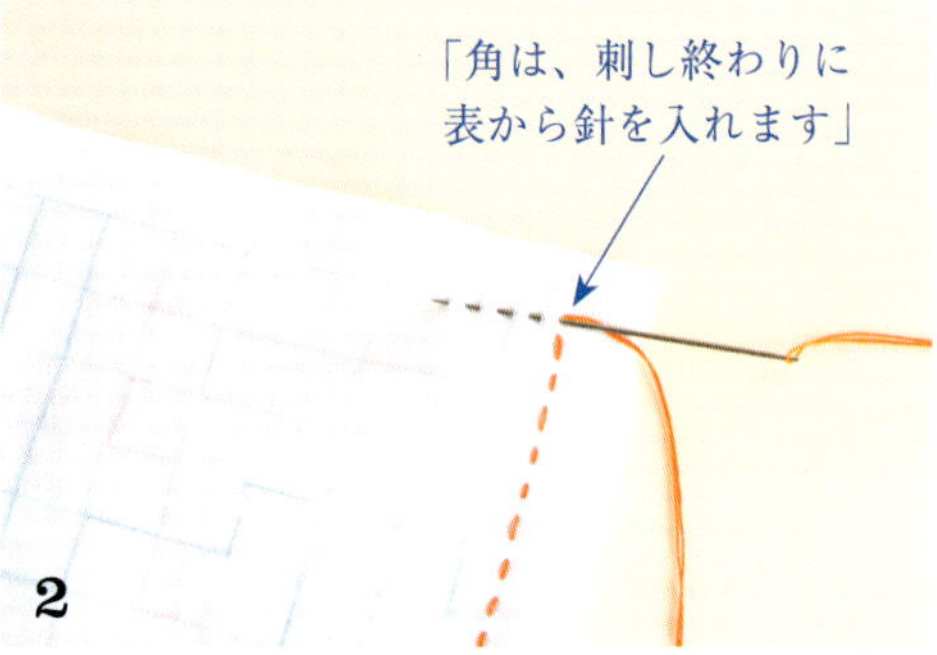
「角は、刺し終わりに表から針を入れます」
2

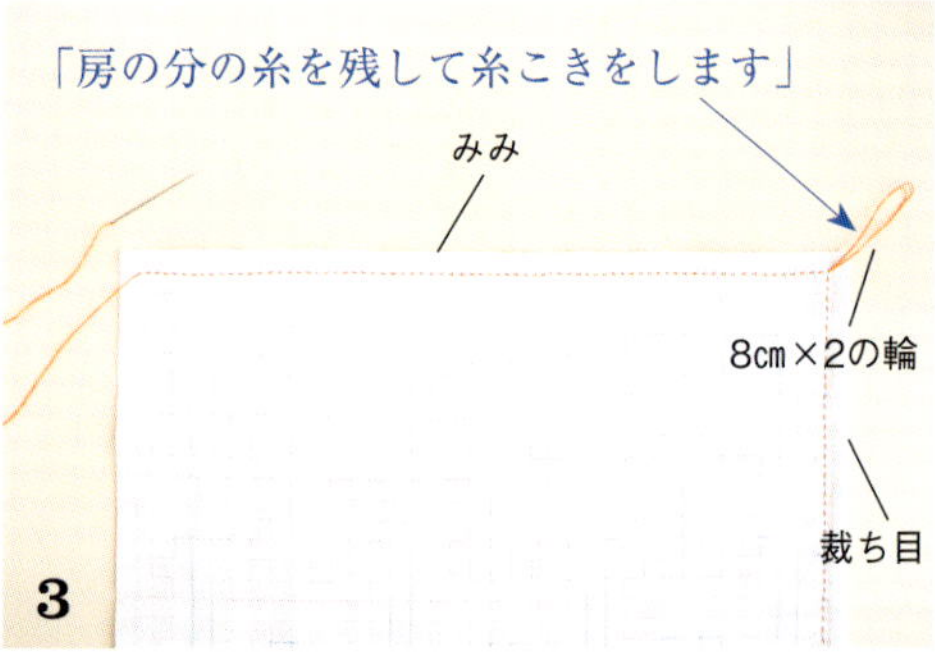
「房の分の糸を残して糸こきをします」
みみ
8cm×2の輪
裁ち目
3

1 額縁は2辺ずつ刺します。地刺しの場合はここで、端から1cmの額縁線を引きます。針に糸2m位を通して2本取り（地刺しは糸1m位を1本取り）にし、玉結びは作りません。指ぬきを中指にはめて、指ぬきの皿に針の頭を付けます。裁ち目を上にして左右の親指と人さし指で布を持ち、右端の額縁の角に表から針を入れ、裁ち目の1辺を2㎜位の針目で刺します。途中で針を抜かずに、ゆっくりと刺します。額縁の角で針が表に出て終わるようにします。針を抜き、糸こきをします。布を返して、左手の人さし指と親指で刺し始めの針目の上をはさみ、右手で2～3cmずつ右の方に引いていきます。布と糸が平らになるよう、あまり力を入れずに2～3回繰り返します。刺し始めは8cm位、糸を残します。

2 角は1の刺し終わりに表から針を入れて刺し始めます。

3 みみを刺し、角の刺し始めに房用の糸（8cm×2の輪）を残して糸を引きます。

4・5 みみは強めに糸こきをします。布から針を抜いたら、刺し始めを右手に持って自分の目の高さ位まで上げます。左手で布をしっかり押さえ、右手を前後に振りながら、力を入れてゆっくりとこきおろしていきます。みみの糸こきは、数回にわたりていねいに行いましょう。刺し終わりは、房の分の8cmを残して糸を切ります。同様に残りの2辺を刺していきます。

◎この後に、模様を刺し、お好みで額縁を飾ります（左記コラムと54頁参照）。

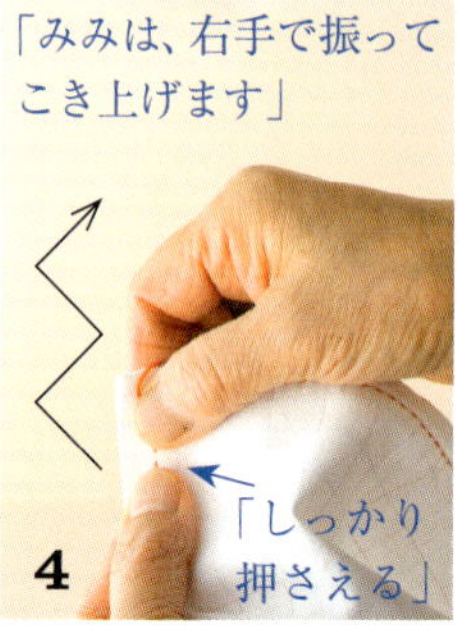
「みみは、右手で振ってこき上げます」
「しっかり押さえる」
4

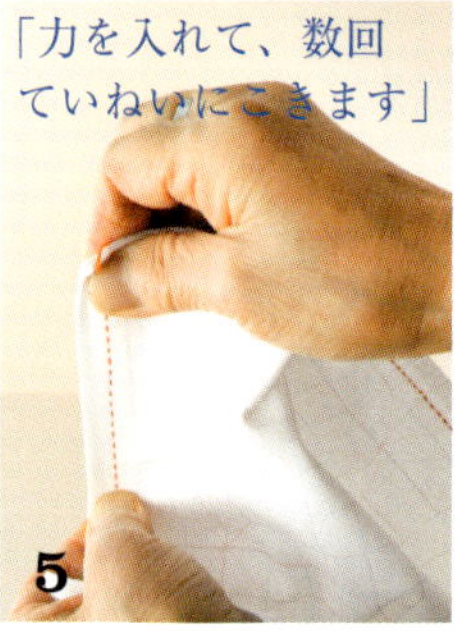
「力を入れて、数回ていねいにこきます」
5

◎額縁の飾り方 1

額縁の針目に糸を渡すと、模様がぐっと引き立ちます。54頁の「◎額縁の飾り方 2」と合わせて、お好みで飾りましょう。60cm位の糸を1本取りにし、糸端を8cm残し、表の額縁の角の針目に針穴のほうから針をくぐらせ、次の針目にもくぐらせる、を繰り返します。必ず同じ方向からくぐらせ、その度に針目に沿って糸を上に引きます。房の結びは、模様を刺し、額縁を飾り終わった後に行いましょう。

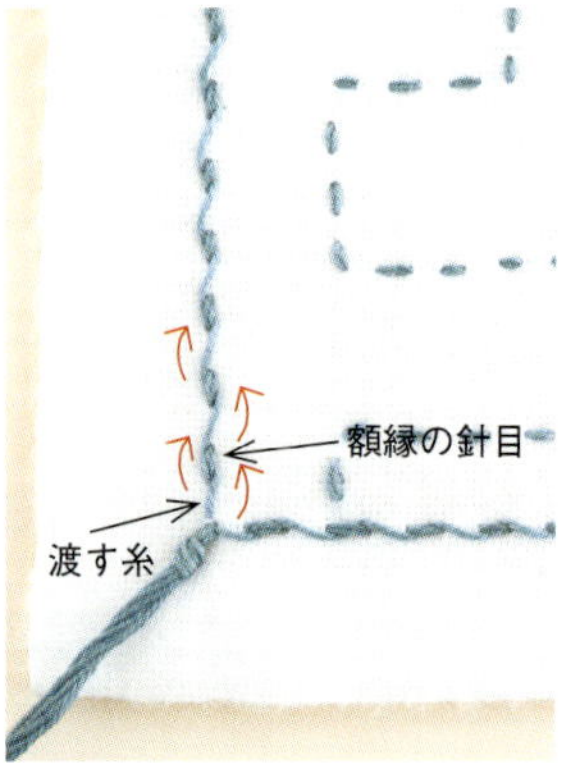
額縁の針目
渡す糸

4 模様を刺す

縦と横の針目が交差して、卍の模様がうまれる度に、心おどります。でも、あせらず、何日かにわたって、ていねいに刺していきましょう。

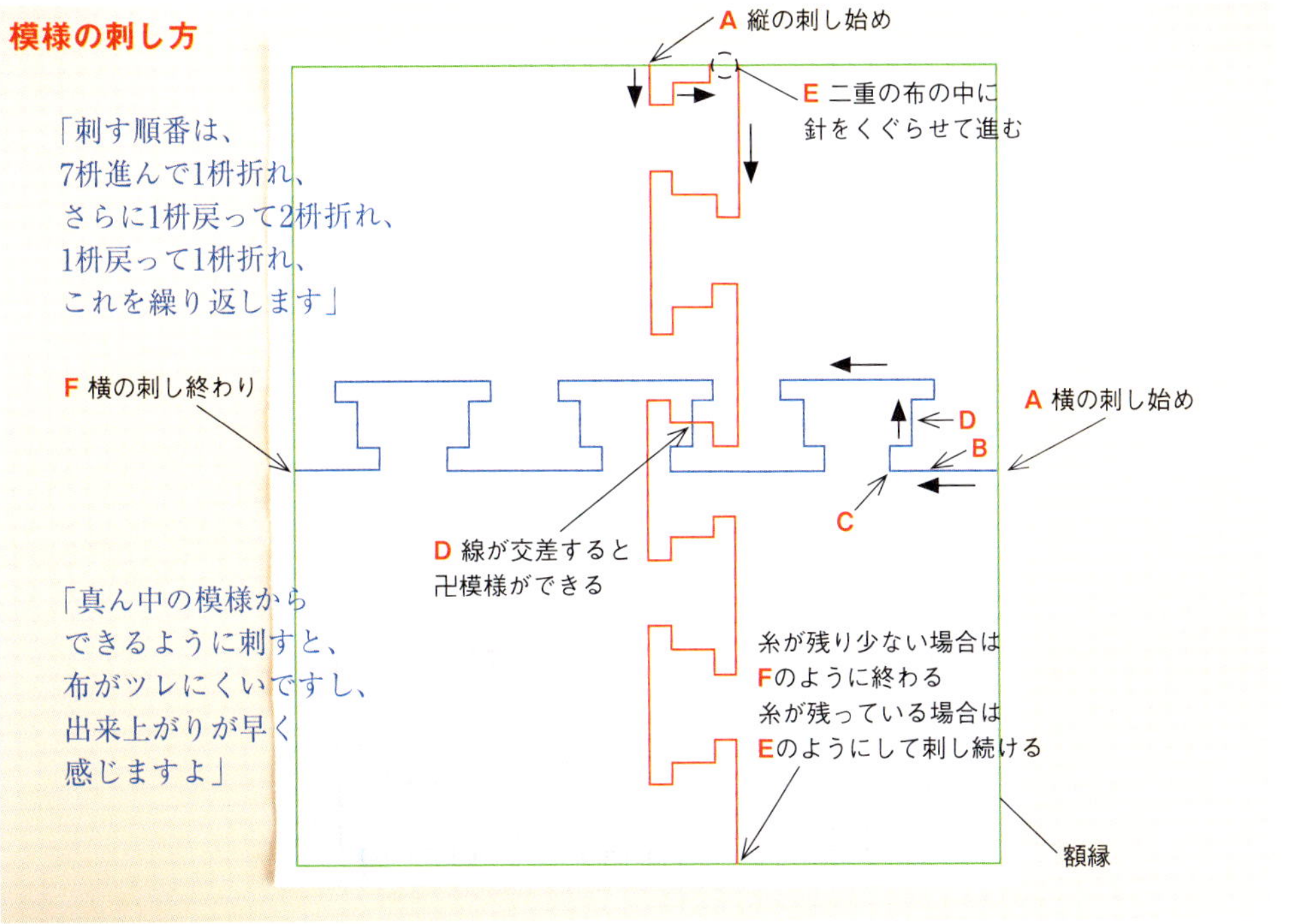

模様の刺し方
「刺す順番は、
7枡進んで1枡折れ、
さらに1枡戻って2枡折れ、
1枡戻って1枡折れ、
これを繰り返します」
A 縦の刺し始め
E 二重の布の中に
針をくぐらせて進む
F 横の刺し終わり
A 横の刺し始め
D
B
C
D 線が交差すると
卍模様ができる
「真ん中の模様から
できるように刺すと、
布がツレにくいですし、
出来上がりが早く
感じますよ」
糸が残り少ない場合は
Fのように終わる
糸が残っている場合は
Eのようにして刺し続ける
額縁

端から1本の線を一筆書きのように続けて刺していきます。糸は2本取りで、刺しやすい長さを取りましょう。

C. 角度が変わるところ

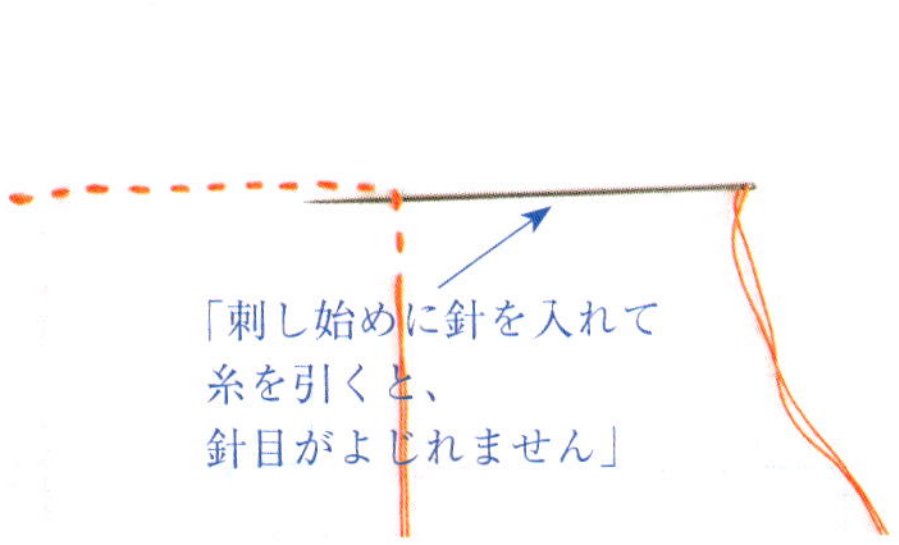

「刺し始めに針を入れて
糸を引くと、
針目がよじれません」

角の刺し始めの部分を押さえて糸を引き、刺し始めの針目に針を垂直に入れ、ゆっくりと糸を引きます。こうすると針目のねじれが戻り、角がきれいにできます。角の度にていねいに行います。

A. 刺し始め

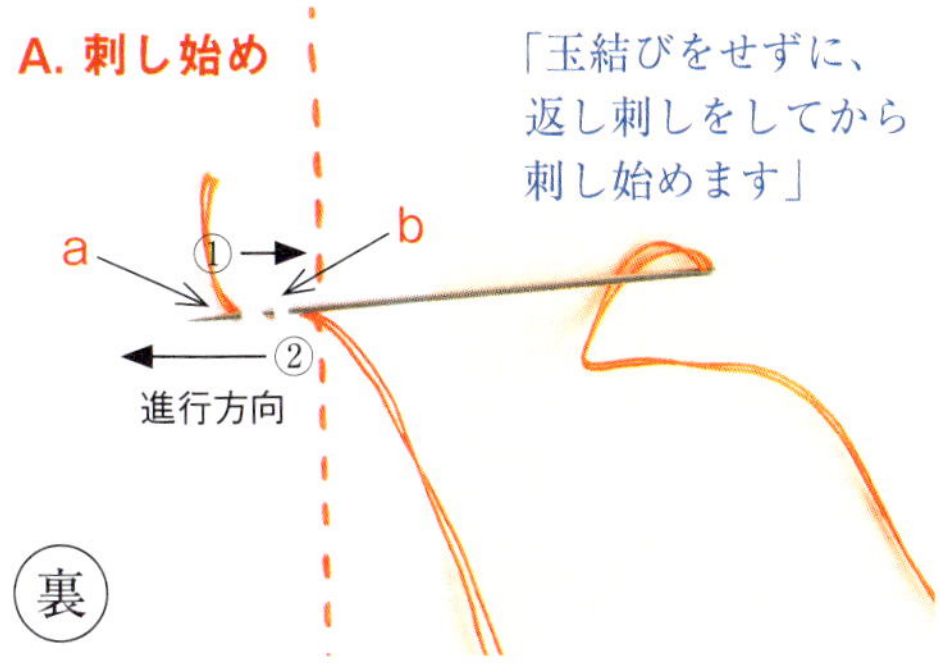

「玉結びをせずに、
返し刺しをしてから
刺し始めます」
a
①
b
②
進行方向
裏

①刺し始めの3目先の裏側から針を入れ（a）、進行方向とは逆に3目刺し、裏に針を出し、糸端を2cm位残します。②最初の表目は半目（b）をすくい、刺した目にかぶせて2目刺し、模様を刺していきます。

D. 線が交差するところ

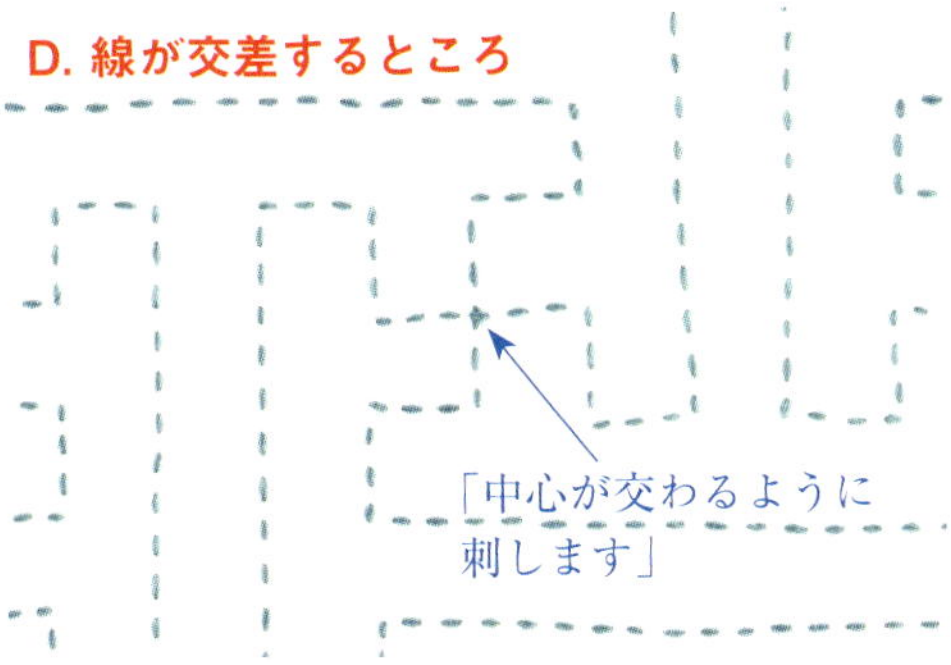

「中心が交わるように
刺します」

2枡の線を刺す部分では、縦・横の2つの針目が交わるように刺します。下になる針目を、上になる針目より少し大きく刺すときれいに仕上がります。

B. 直線ごとに刺す

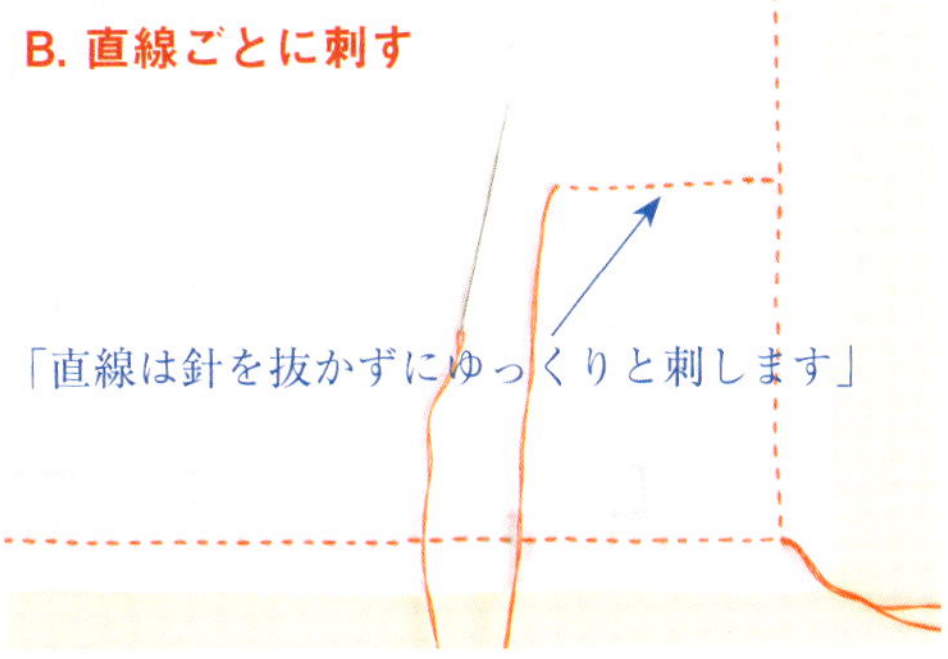

「直線は針を抜かずにゆっくりと刺します」

途中で針を抜くと糸がよじれます。直線ごとに刺したら針を抜き、糸こきをします。1枡に表2〜3目刺す、と決めておくと、均一に仕上がります。

◎模様のお話「紗綾形」

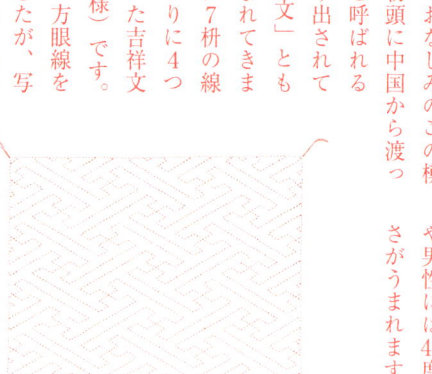

和服地などでおなじみのこの模様は、近世初頭に中国から渡ってきた綸子《りんず》と呼ばれる織物にも織り出されており、「綸子文」とも呼ばれ親しまれてきました。中心に7枡の線があり、まわりに4つの卍紋が入った吉祥文（めでたい模様）です。今回は垂直の方眼線を元に刺しましたが、写真のように、裁ち目の水平線に対して30度の斜方眼を元に刺すと、たおやかさが出て女性らしく、年配の方や男性には45度で刺すと、力強さがうまれます。

「紗綾形」を刺している様子です。布の持ち方など、参考にしてください。

E. 端で終わらず、刺し続ける

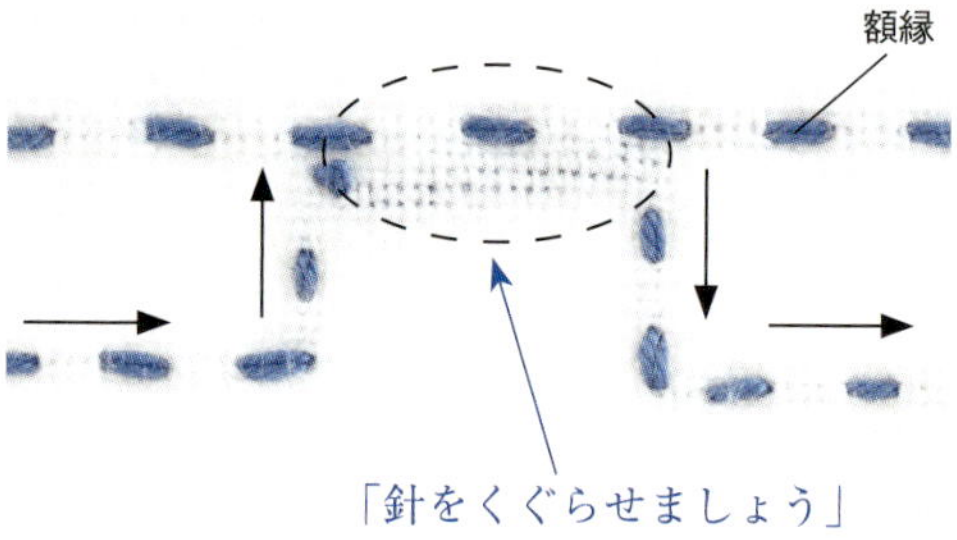

端まで刺し、まだ糸が残っている場合は、糸を二重の布の間に通して、1枡隣りの線から刺し続けられます。二重になっている布を指でこすって空間を作り、その間に針を通してから刺し進めます。額縁の針目から少し離れたところを糸が通るようにします。

F. 刺し終わり

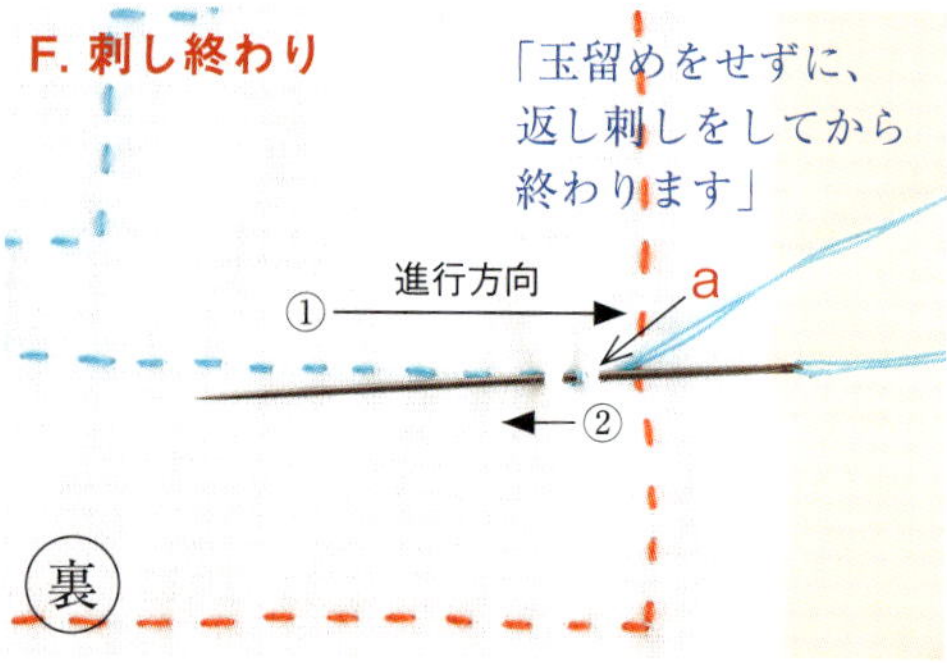

①端まで刺します。②刺し始めと同様、最後の半目をすくってから（a)、刺した目にかぶせるように2目重ねて針を抜き、糸端を2cm位残して切ります。

糸が足りなくなった場合

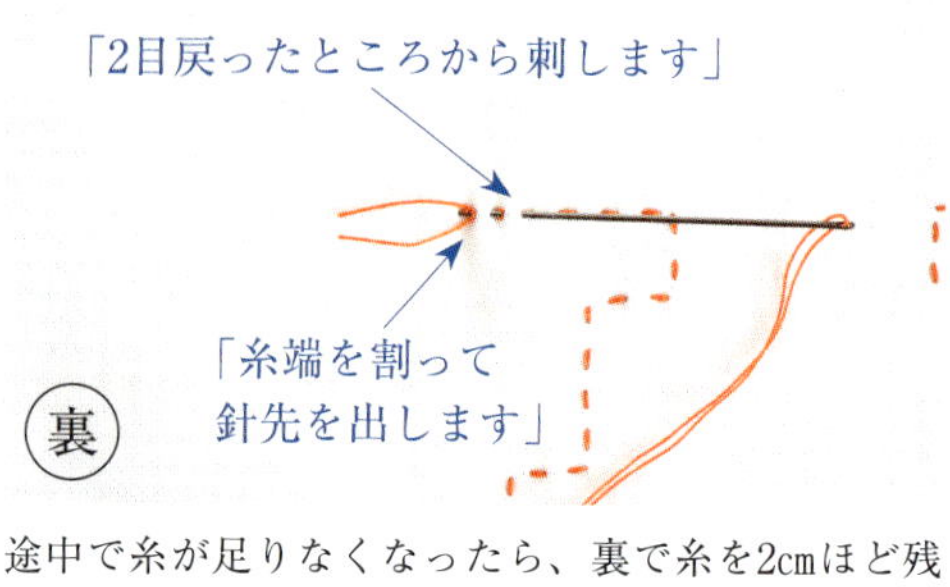

途中で糸が足りなくなったら、裏で糸を2cmほど残して切り、新たに糸をつけた針を裏2目ほど前から重ねて刺し、前の糸の糸端を割ってから刺し進めます。刺し始めの糸端は2cm位残します。表から見ると、糸が重なったところの針目が少し濃くなります。

5 仕上げ

房を結び、手洗いをしてアイロンをかけます。裏のはみ出した糸や、房を切って完成です。

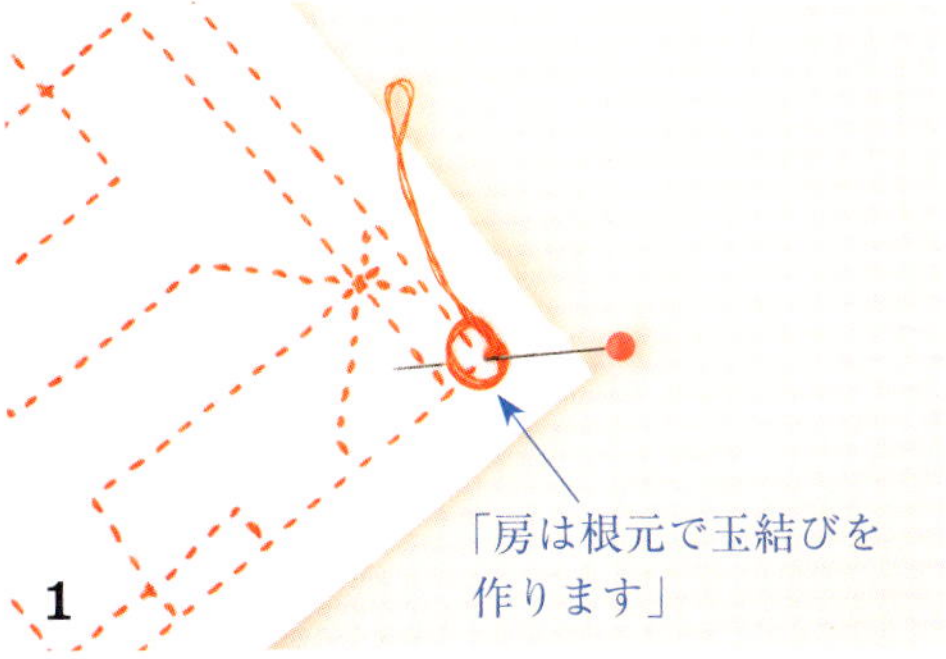
「房は根元で玉結びを作ります」

1

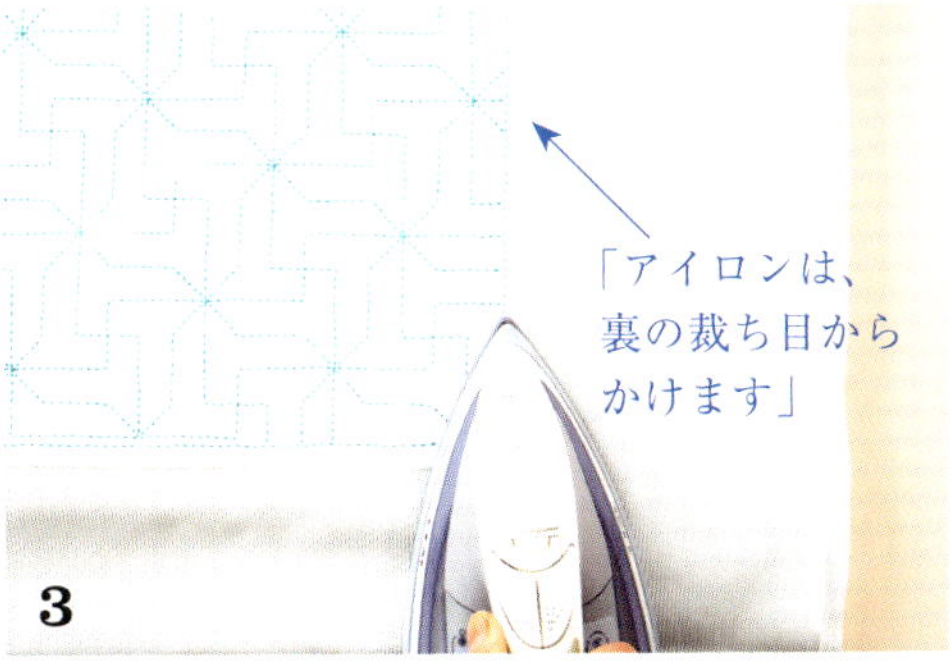
「アイロンは、裏の裁ち目からかけます」

3

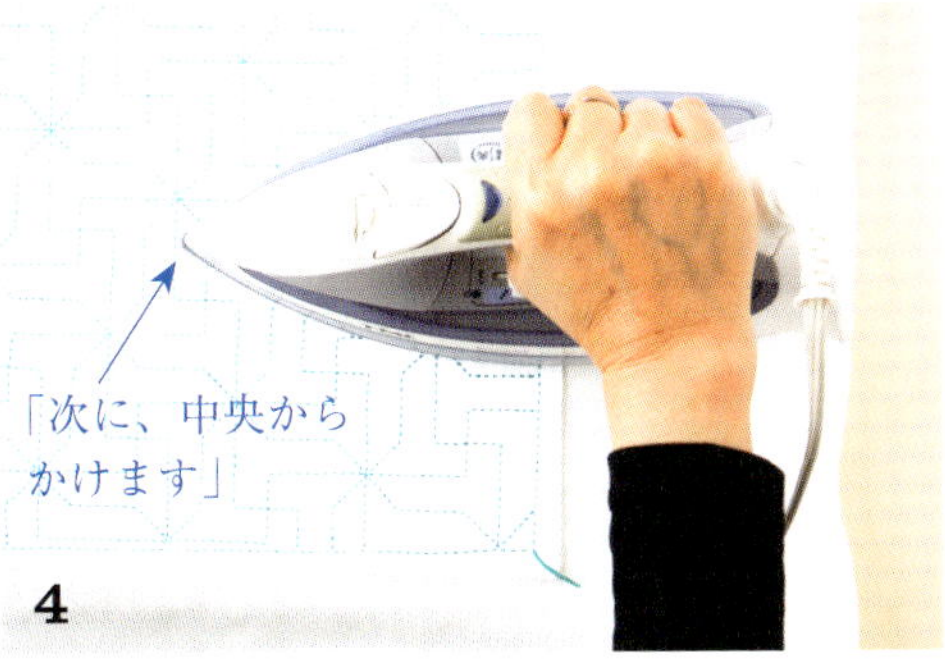
「次に、中央からかけます」

4

「みみは左手で引っ張りながらかけます」

5

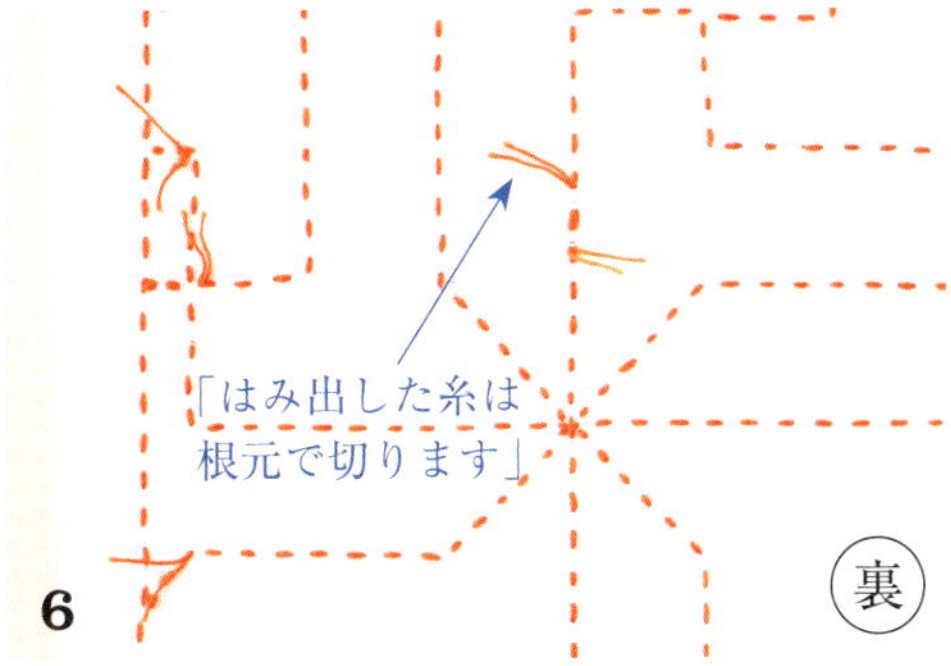
「はみ出した糸は根元で切ります」
裏

6

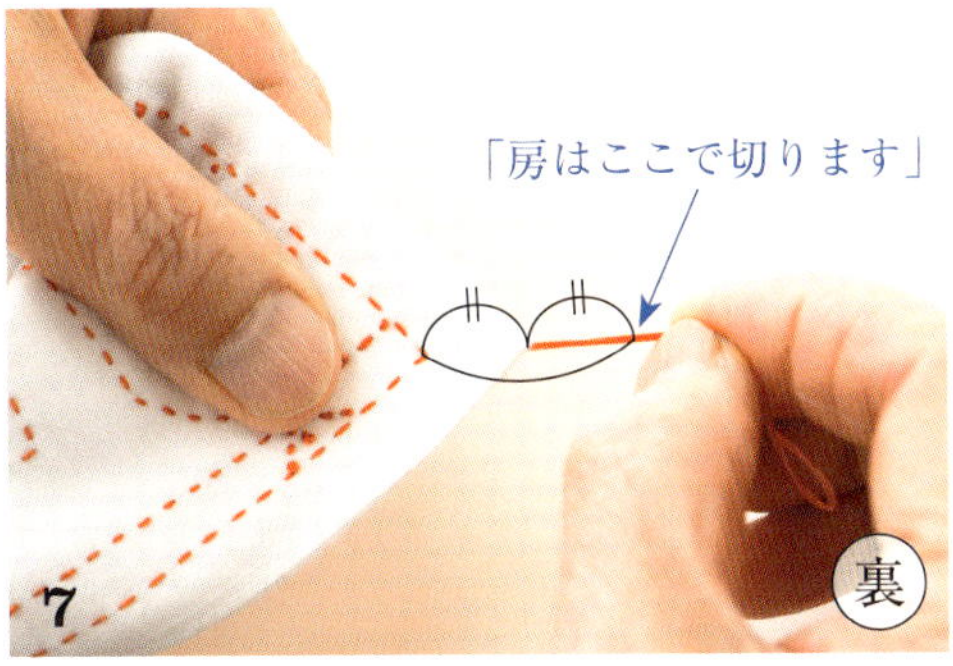
「房はここで切ります」
裏

7

1 模様を刺し、お好みで額縁を飾り終わったら、房の根元を結びます。結び目を作って待針を通し、額縁の角に刺します。糸を左右に振りながら少しずつ根元の方に近づけ、結び目の輪をすぼめます。待針を外し、きれいに結びます。

2 洗濯洗剤を使って手洗いをし、下線を消します。しっかり乾かしてから、霧吹きで水を吹きかけ、たたんでポリ袋に入れて10分位休めます。

3 アイロンを綿素材をかけるときより弱い温度に設定し、ふきんの裏を上にして置きます。まずは裁ち目にかけます。アイロンは、押すようにかけていきます。アイロンをすべらせると、布がよじれてしまうので注意しましょう。

4 次に、模様の部分に中央からアイロンをかけます。

5 みみは、しっかりとアイロンで押さえて、左手で布を引きながらかけます。「わ」は裁ち目と同様に、押すようにかけます。裏にかけたら表に返し、アイロンを強く押しつけすぎないようにして、同様にかけます。

6 裏の刺し始め、刺し終わり、糸の継ぎ目から出ている糸端を切ります。ていねいに根元で切ると、糸端が二重のさらしの中に入って、目立たなくなります。

7 房は額縁の角の長さの2倍のところ（約3cm）で切って完成です。

※この頁の花ふきんの模様は、「紗綾形」ではありませんが、「仕上げ」はどの模様でもすべて同じ方法で行います。

「重ね十字つなぎ」

伝統模様の「十字つなぎ」の応用形です。
ここでも、作り方をていねいにお伝えします。

下線の引き方

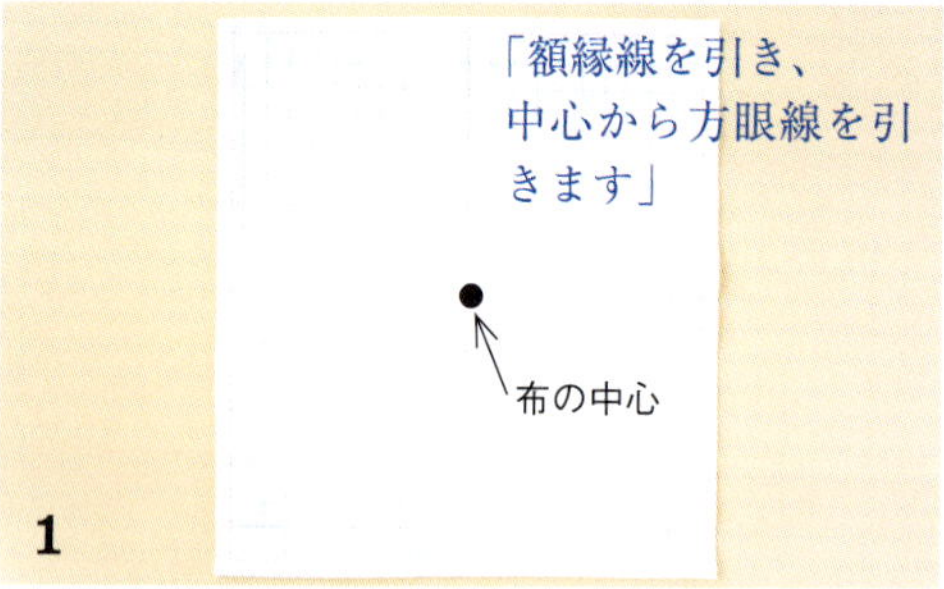

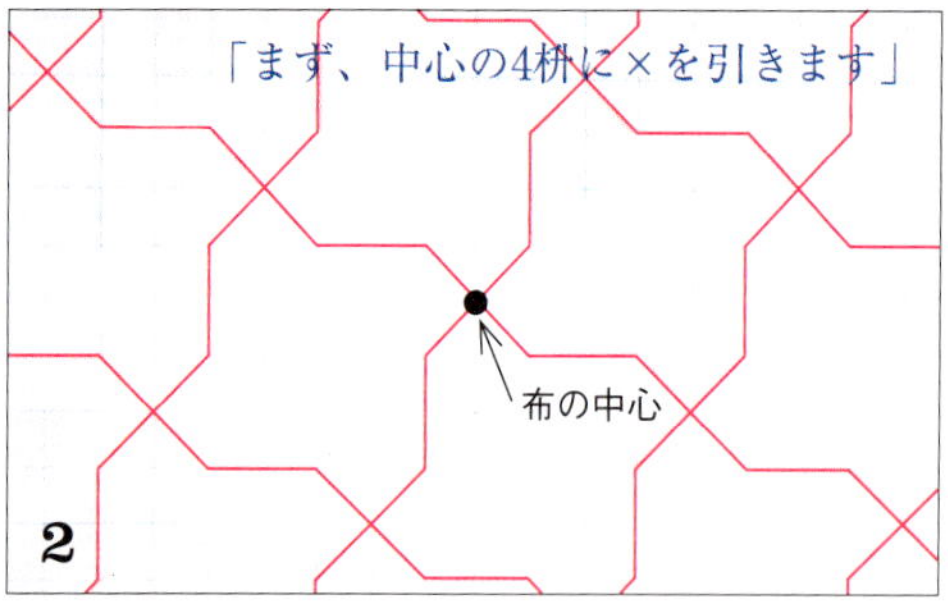

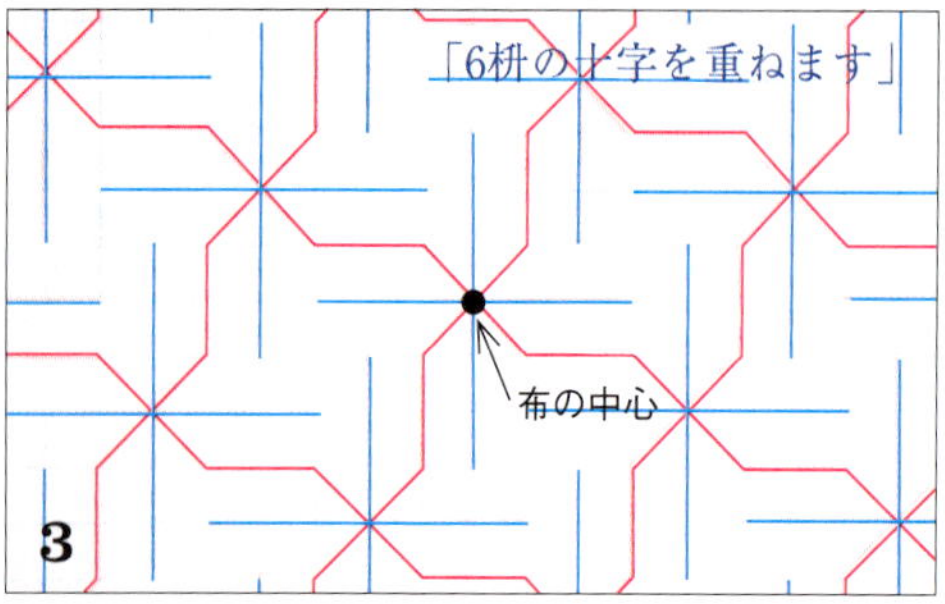

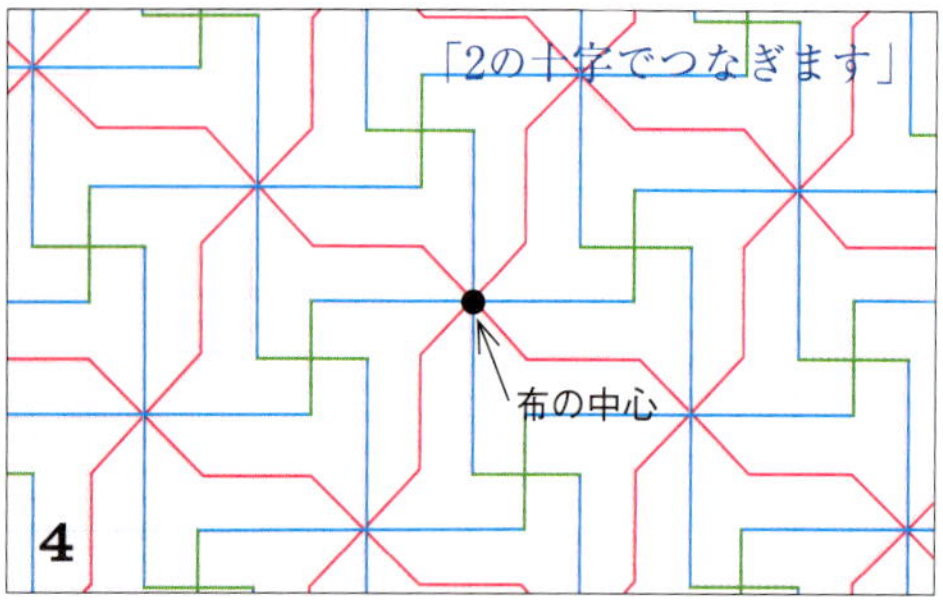

1 下地を作る （→21頁へ）

2 下線を引く

1 裁ち目を手前に置きます。4辺とも端から1㎝のところに、額縁の線を引きます。中心から1.5㎝の方眼線をうすく引きます。

2 赤のように中心の4枡に×線を引きます。続けて、×線の先に2枡分の線を引き、その先に再び×線を引きます。これを全面に繰り返します。

3 2の×線に、6枡の青十字を重ねて引きます。

4 3の十字の先を2枡の緑十字でつなぎます。

◎2～4の写真ではわかりやすいよう線の色を変えていますが、実際の模様はすべてピンクや青のチャコペンで引きます。

3 額縁を刺す （→24頁へ）

4 模様を刺す

縦と横、斜めの針目が交差して、2つの十字が重なります。針目がなるべく同じ大きさになるよう、ゆっくりと刺しましょう。

模様の刺し方

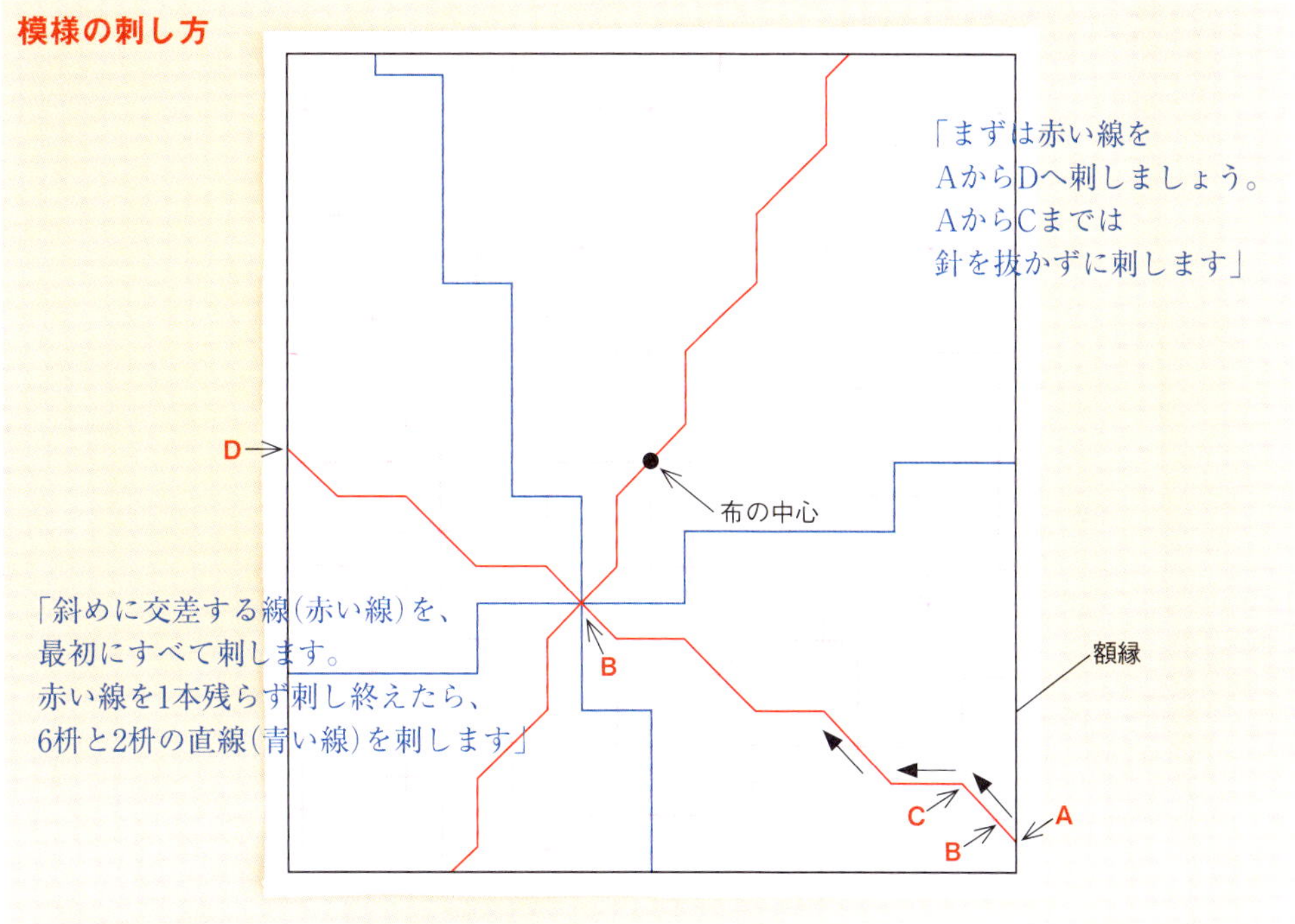

「まずは赤い線をAからDへ刺しましょう。AからCまでは針を抜かずに刺します」
D
布の中心
「斜めに交差する線(赤い線)を、最初にすべて刺します。赤い線を1本残らず刺し終えたら、6枡と2枡の直線(青い線)を刺します」
B
額縁
C
B
A

端から1本の線を一筆書きのように刺していきます。糸は2本取りで、刺しやすい長さを取りましょう。

C. 角度が変わるところ

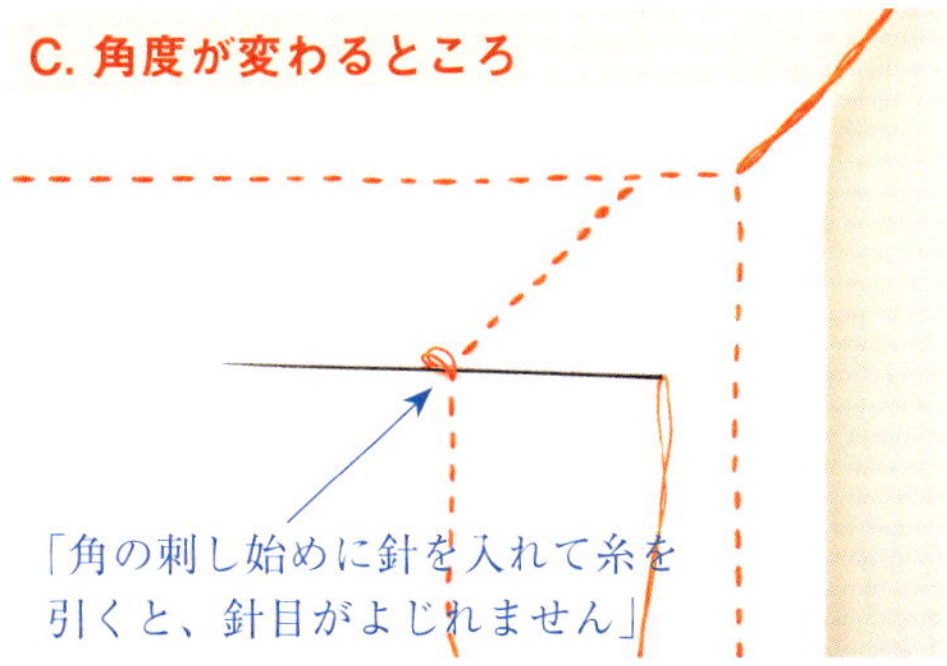

「角の刺し始めに針を入れて糸を引くと、針目がよじれません」

直線を刺し終えたら、針をいったん抜き、刺し始めの針目に針を垂直に入れ、ゆっくりと糸を引いてから、糸こきをします。角度が変わる度にていねいに行います。

D. 刺し終わり

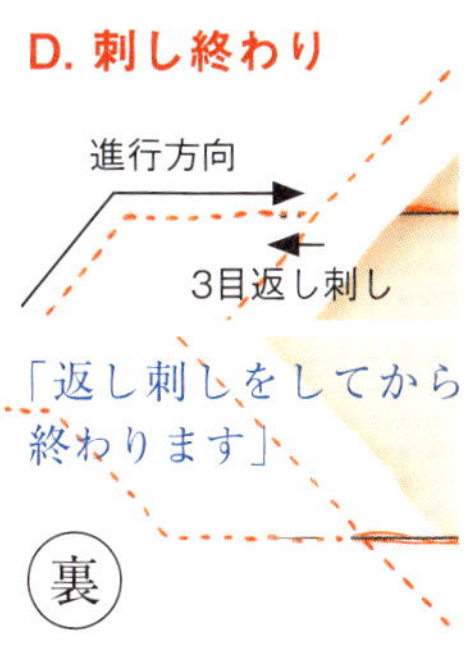

進行方向
3目返し刺し
「返し刺しをしてから終わります」
裏

A. 刺し始め

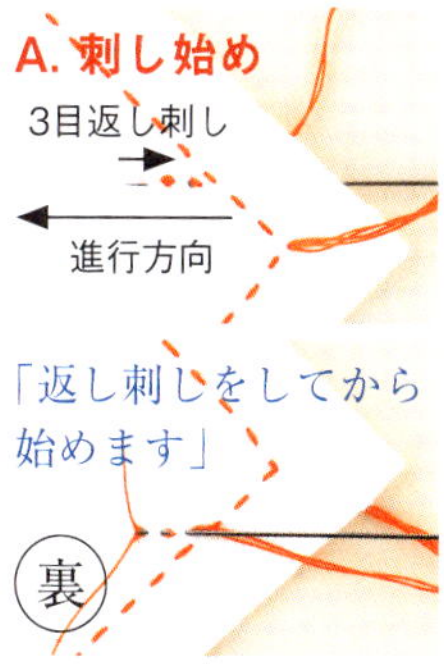

3目返し刺し
進行方向
「返し刺しをしてから始めます」
裏

玉結びをせずに、糸を2cm位残し、3目ほど返し刺しをしてから刺し始めます。刺し終わりは、玉留めをせず、3目ほど返し刺しをしてから糸を2cm位残して切ります。

B. 線が交差するところ

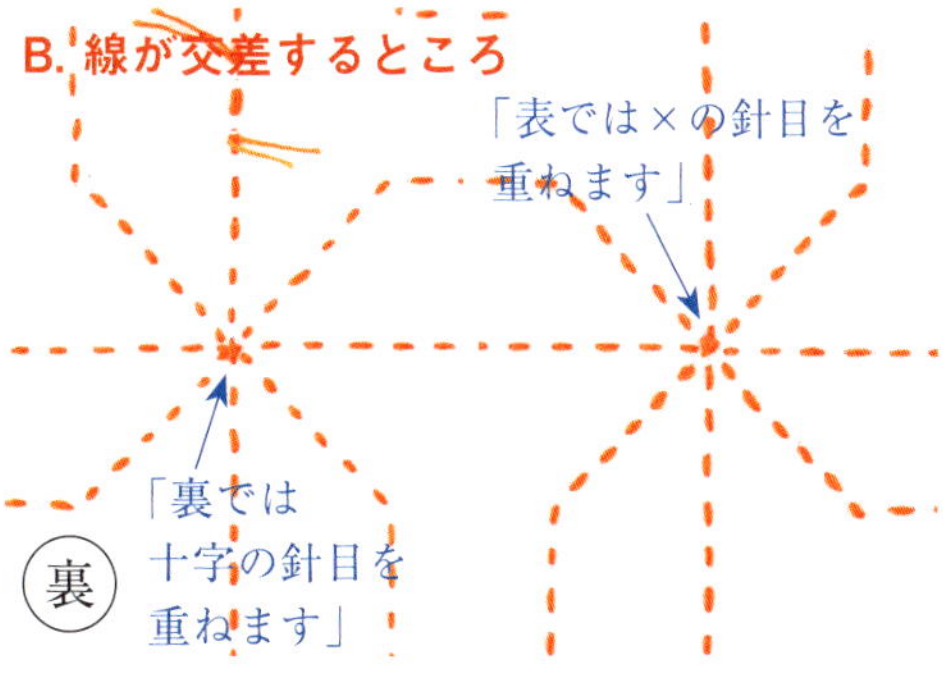

「表では×の針目を重ねます」
「裏では十字の針目を重ねます」
裏

×の針目は表で、十字の針目は裏で、中心が重なるように刺します。緑十字は表で針目を重ねます。

5 仕上げ （→27頁へ）

模様を刺し終わったら、房の根元を結びます。手洗いしてアイロンをかけた後、額縁の角の長さの2倍のところ（約3cm）で房を切り揃えます。

「紗綾形」と「重ね十字つなぎ」が刺し終わると、手が慣れてきて、ほかの模様も刺せるでしょう。30頁からは、さまざまな角度の直線と、曲線の模様をご紹介します。

作り方では、わかりやすいように糸の色を変えています。「模様の刺し方」の写真は、28頁の出来上がりと多少枡目の数が違いますが、仕上がりに問題はありません。

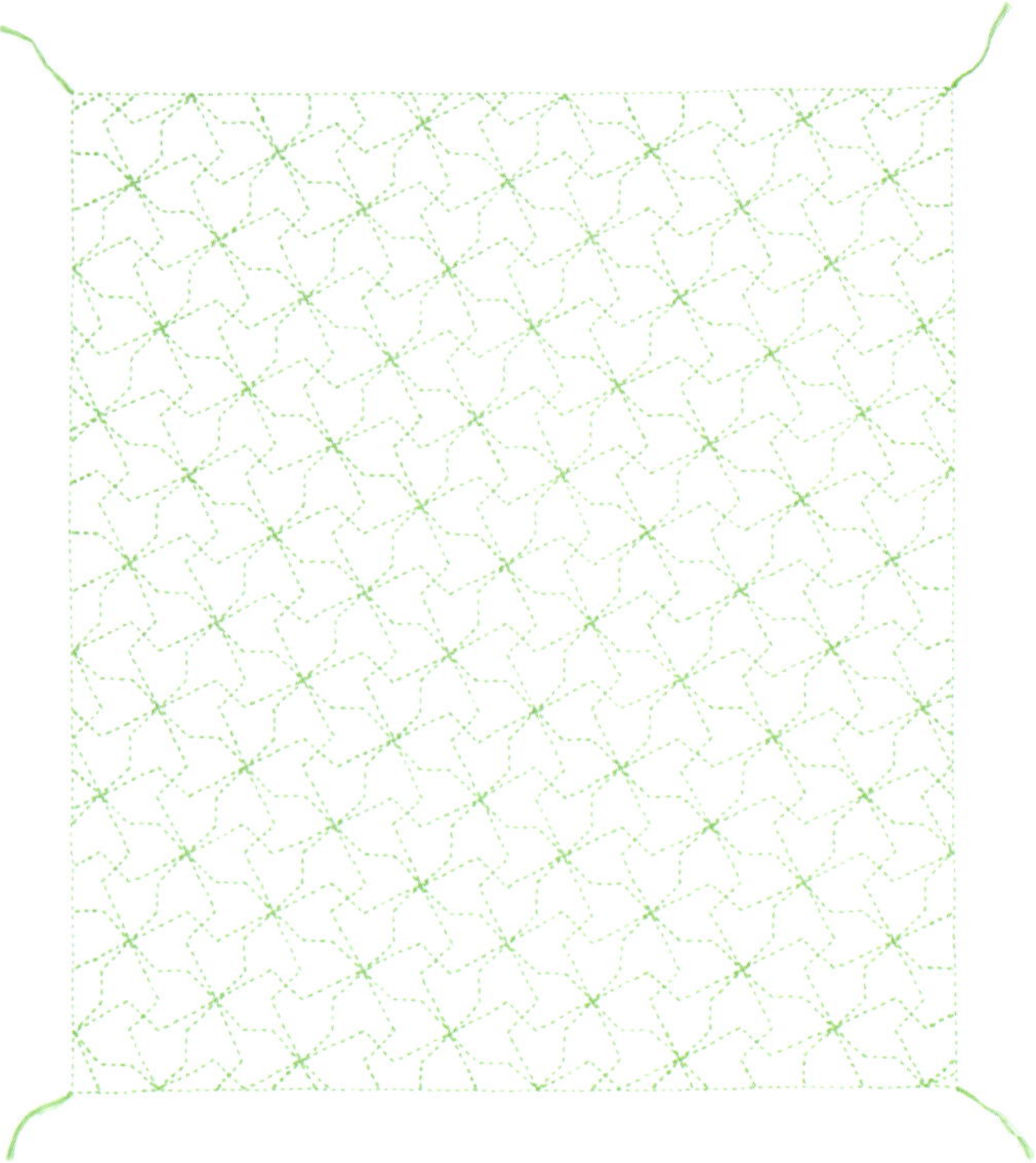

「四つ葉」

「重ね十字つなぎ」の応用です。
四つ葉のゆるやかな角度を、しっかり刺しましょう。

1 下地を作る （↓21頁へ）

2 下線を引く

1 額縁線を引き、中心から1㎝の方眼線を引きます。中心の4枡に×線を引き、続けて×線の先に1枡線を引き、これを全面に繰り返します（赤線）。

2 1の×線に、角度の違う青線の×を重ね、その先を1枡の×線でつなげ、これを全面に繰り返します。

下線の引き方

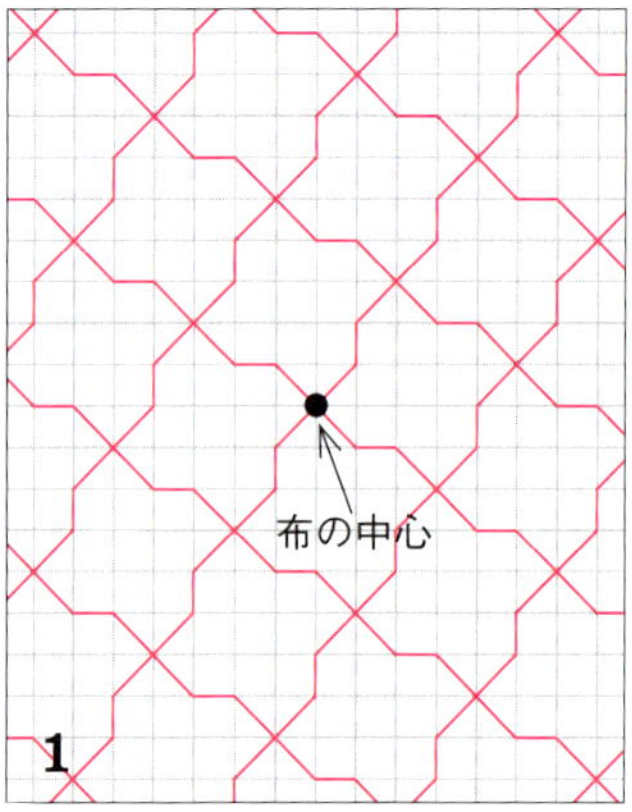

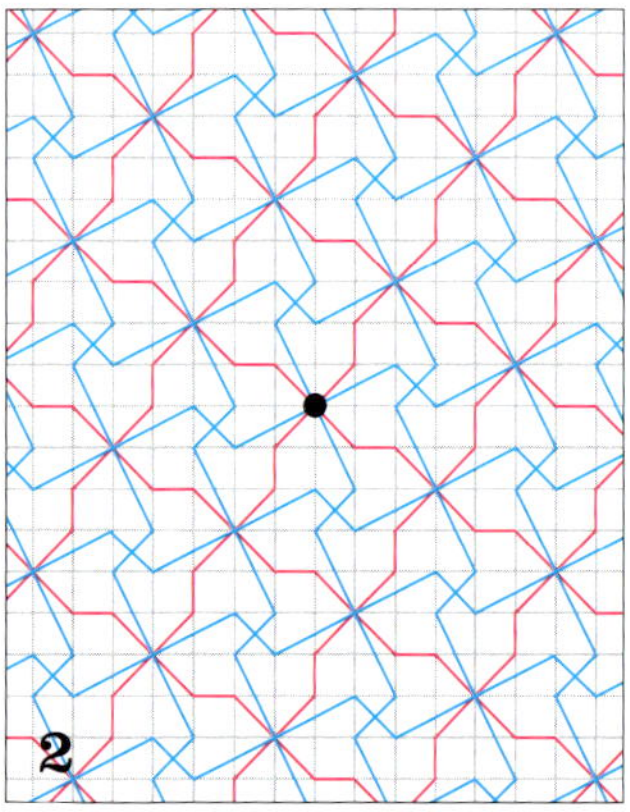

3 額縁を刺す （↓24頁へ）

4 模様を刺す

29頁と同様、下線図1の赤線の端から、一筆書きのように刺していきます。赤線同士が交差するところは、表で針目を×に重ねます。赤線を1本残らず刺したら、下線図2の青線も同様に刺します。青線同士が交わるところは、裏で針目を十字に重ねます。

5 仕上げ （↓27頁へ）

模様の刺し方

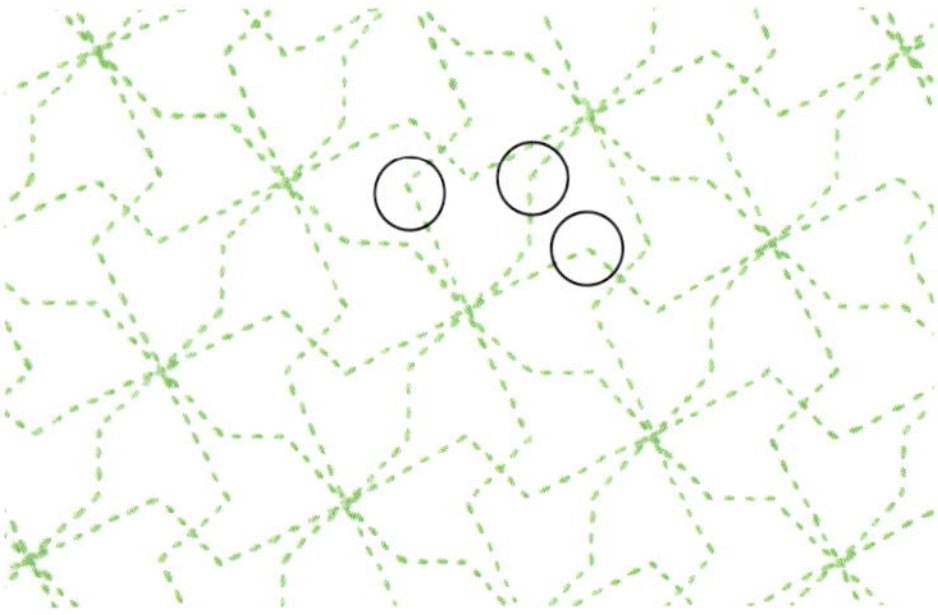

ゆるやかな角度を刺すときは、角で針を出し、進行方向に針先をきちんと向けてから、刺し進めます。

「風車」

「重ね十字つなぎ」の応用です。十字の角度や枡目を変えるだけで、さまざまな模様がうまれます。

1 下地を作る （→21頁へ）

2 下線を引く

1 額縁線を引き、中心から1.5㎝の方眼線を引きます。中心の4枡に十字を引き、続けて十字の先に2枡の斜線を引き、これを全面に繰り返します（赤線）。

2 1の十字に、斜めの青の×線を重ね、その先を2枡の斜線でつなげます。

3 赤の十字と青の×線に、緑の×線を重ね、その先を2枡の十字でつなげます。

下線の引き方

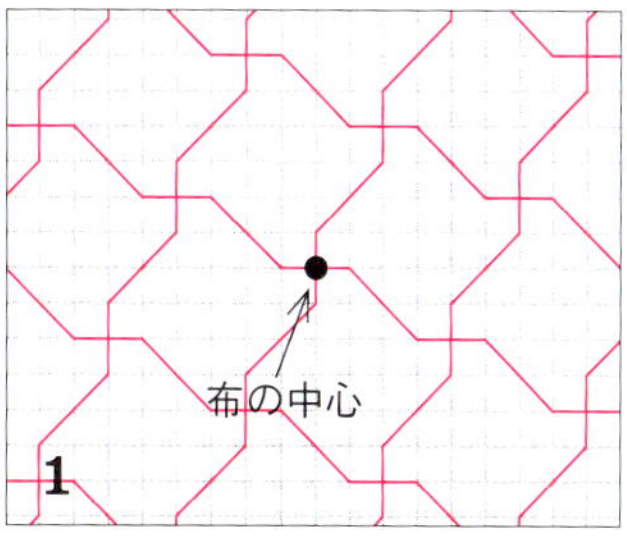

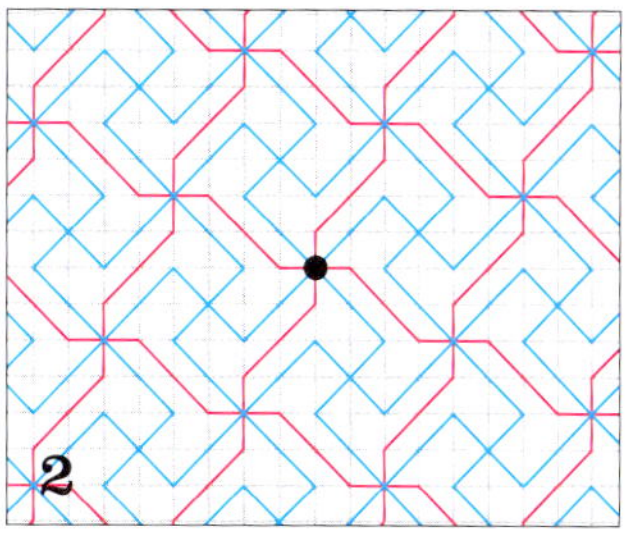

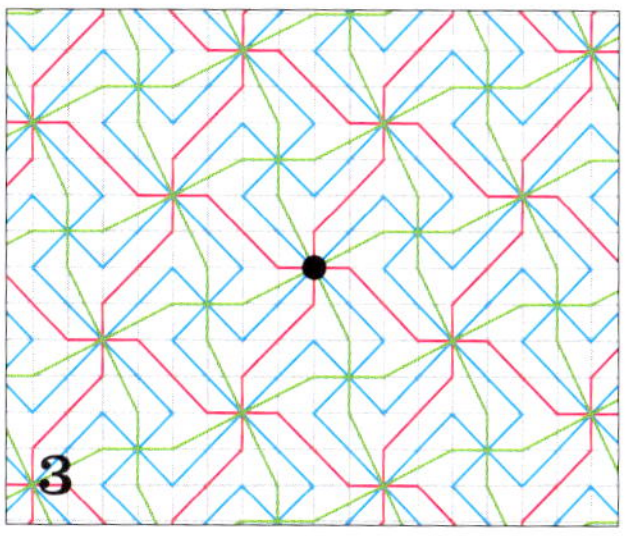

3 額縁を刺す （→24頁へ）

4 模様を刺す

29頁と同様、下線図1の赤線の端から、一筆書きのように刺していきます。赤線同士が交差するところは、表で針目を十字に重ねます。赤線を1本残らず刺したら、下線図2・3の青と緑の線も同様に刺します。青と緑の線同士の交わりは、裏で針目を重ねます。

5 仕上げ （→27頁へ）

模様の刺し方

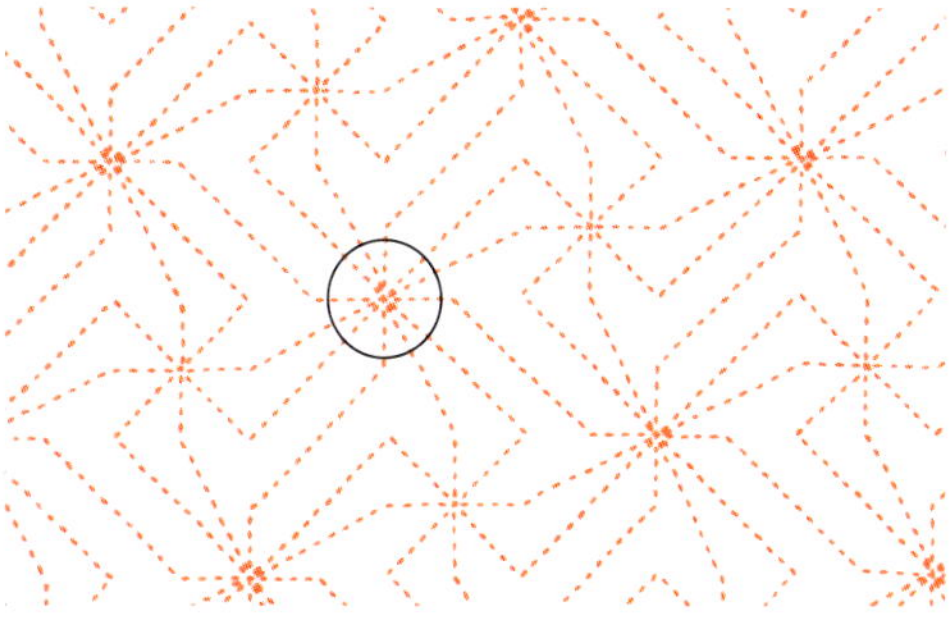

赤線の十字は、表で針目を重ね、青と緑の交差部は裏で針目を重ねると、このようになります。

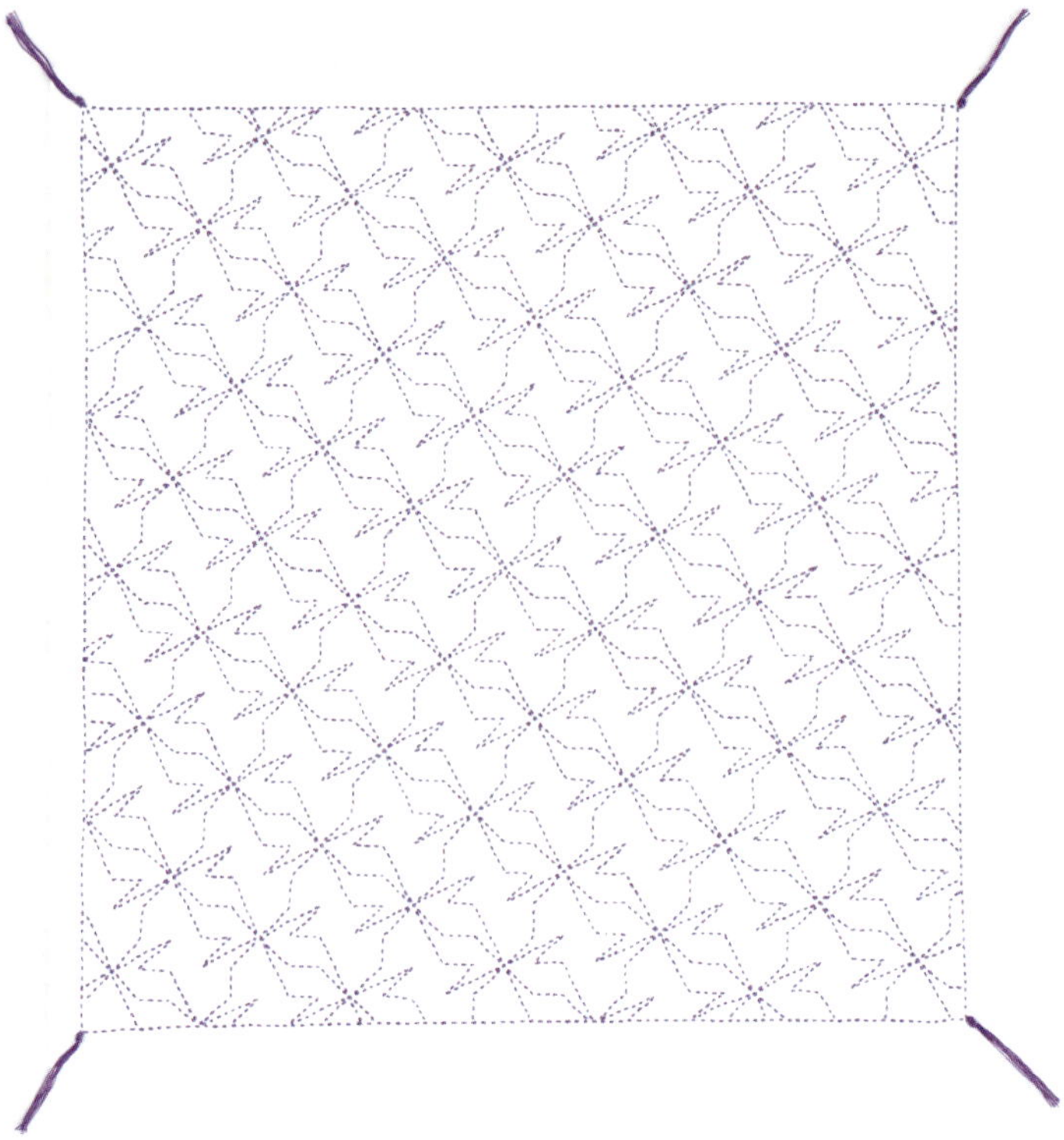

「北帰行」

28頁の「重ね十字つなぎ」の応用です。角度を変えて、北へ帰る鳥の群れを表現しました。

1 下地を作る（↓21頁へ）

（↓21頁へ）

2 下線を引く

1 額縁線を引き、中心から1㎝の方眼線を引きます。中心の4枡に赤の×線を引き、続けて×線の先に1枡線を引き、さらに×線を引き、全面に繰り返します。

2 1の×線に、図のように角度の違う青の×線を重ねます。

3 2の×線の先を、緑線のようにつなげます。

下線の引き方

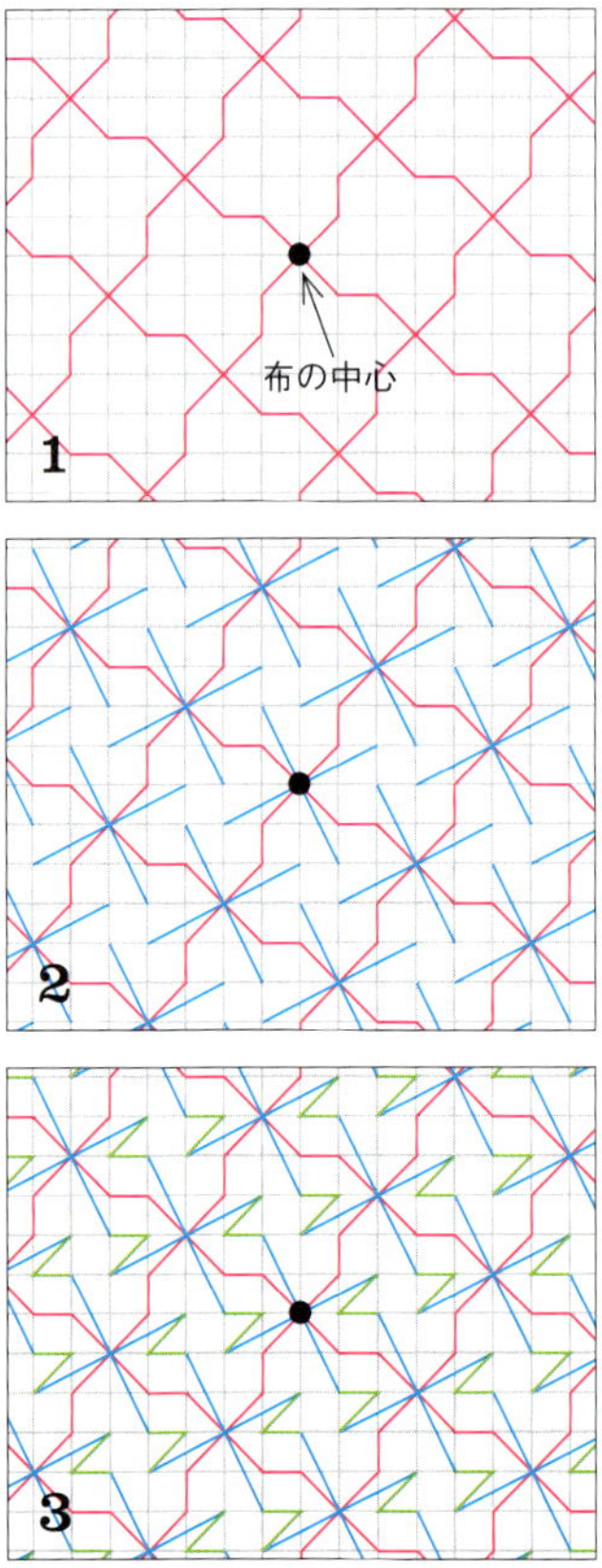
布の中心
1
2
3

3 額縁を刺す（↓24頁へ）

4 模様を刺す

29頁と同様、下線1の赤線（写真・下のオレンジ色の糸）の端から、一筆書きのように刺していきます。赤い線同士が交差するところは、表で針目を×に重ねます。赤い線を1本残らず刺したら、下線2、3の青と緑の線（写真・下の青い糸）も同様に刺します。青い線同士が交わるところは、裏で針目を×に重ねます。

5 仕上げ（↓27頁へ）

模様の刺し方

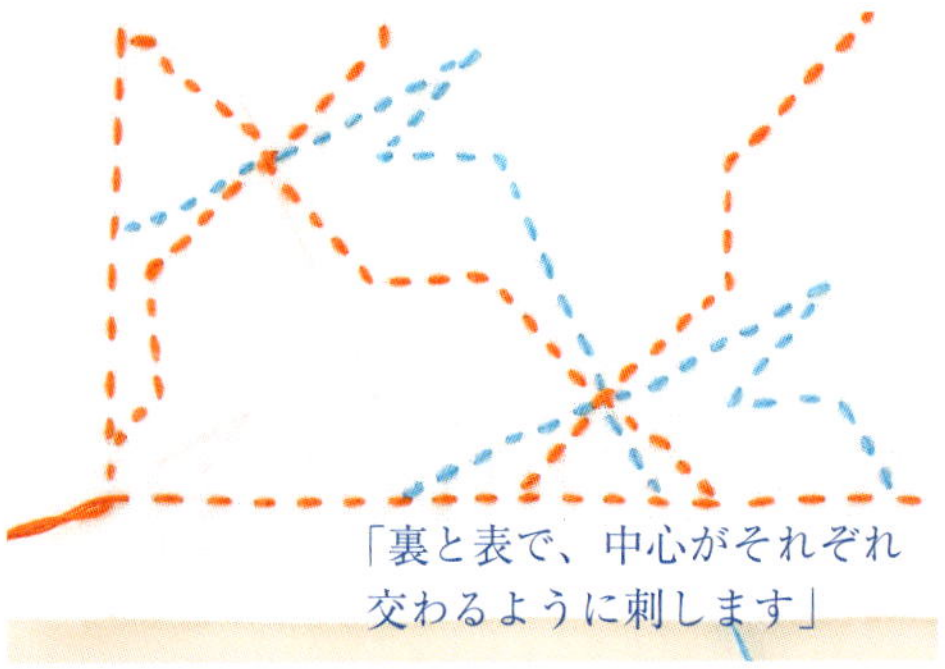
「裏と表で、中心がそれぞれ交わるように刺します」

「雷光」

「北帰行」の応用です。十字をつないでいくと、雷の轟きが空一面に広がっていきます。

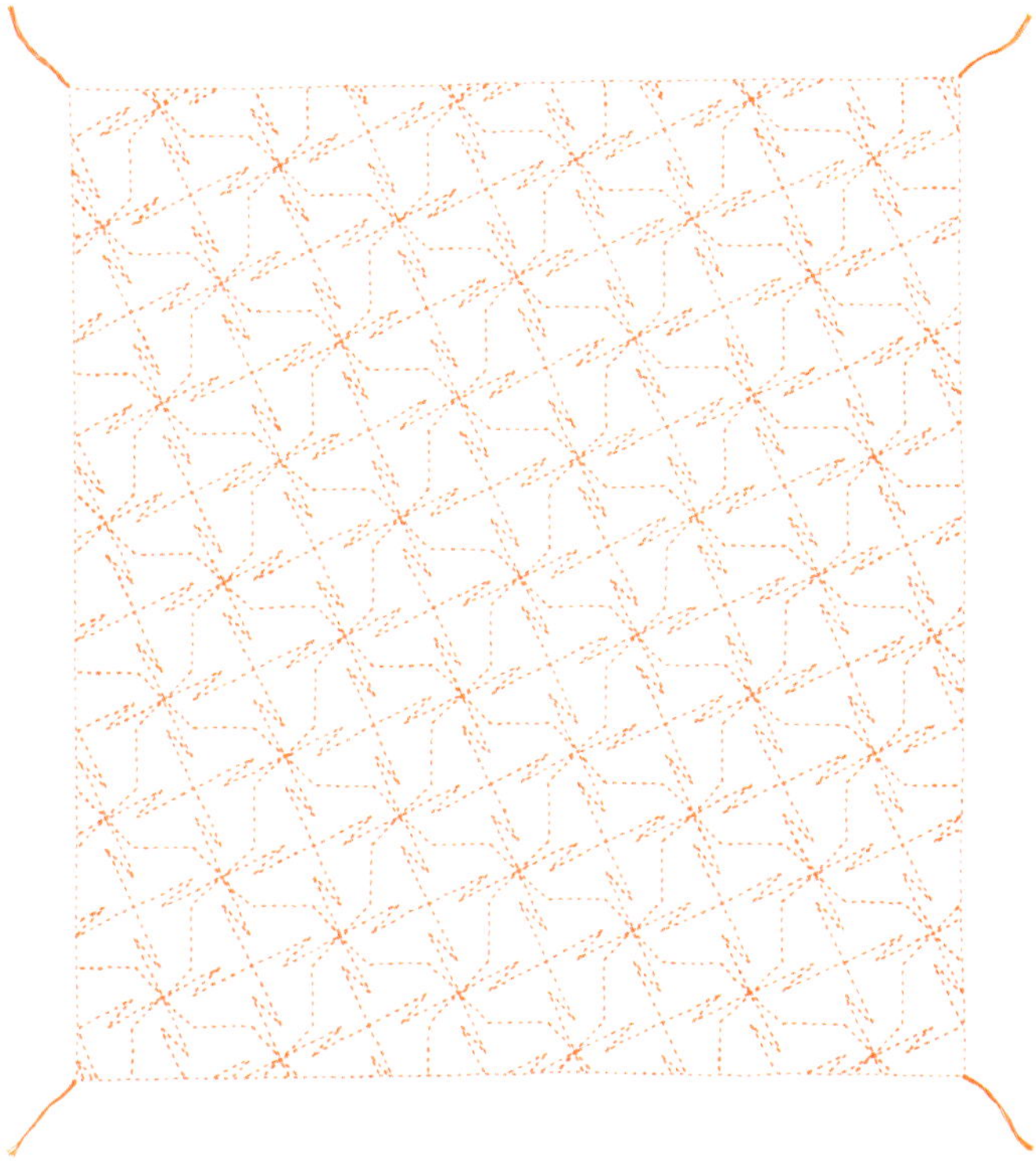

1 下地を作る （→21頁へ）

2 下線を引く

1 額縁線を引き、中心から1㎝の方眼線を引きます。中心の4枡に赤の×線を引き、続けてその×線の先に2枡線を引き、これを全面に繰り返します。

2 1の赤の×線に、青線を図のようにつなげます。

3 1の×線に、緑線を図のようにつなげます。

3 額縁を刺す （→24頁へ）

4 模様を刺す

29頁と同様、下線1の赤線の端から、一筆書きのように刺していきます。赤線同士が交差するところは、表で針目を×に重ねます。赤線を一本残らず刺したら、下線2の青線と下線3の緑線も同様に刺します。鋭角に角度を変えるのは、少し難しく感じるかもしれません。25頁や29頁の「C．角度が変わるところ」を参照し、ていねいに刺し進めましょう。青と緑の線が交わるところは、裏で針目を×に重ねます。

5 仕上げ （→27頁へ）

下線の引き方

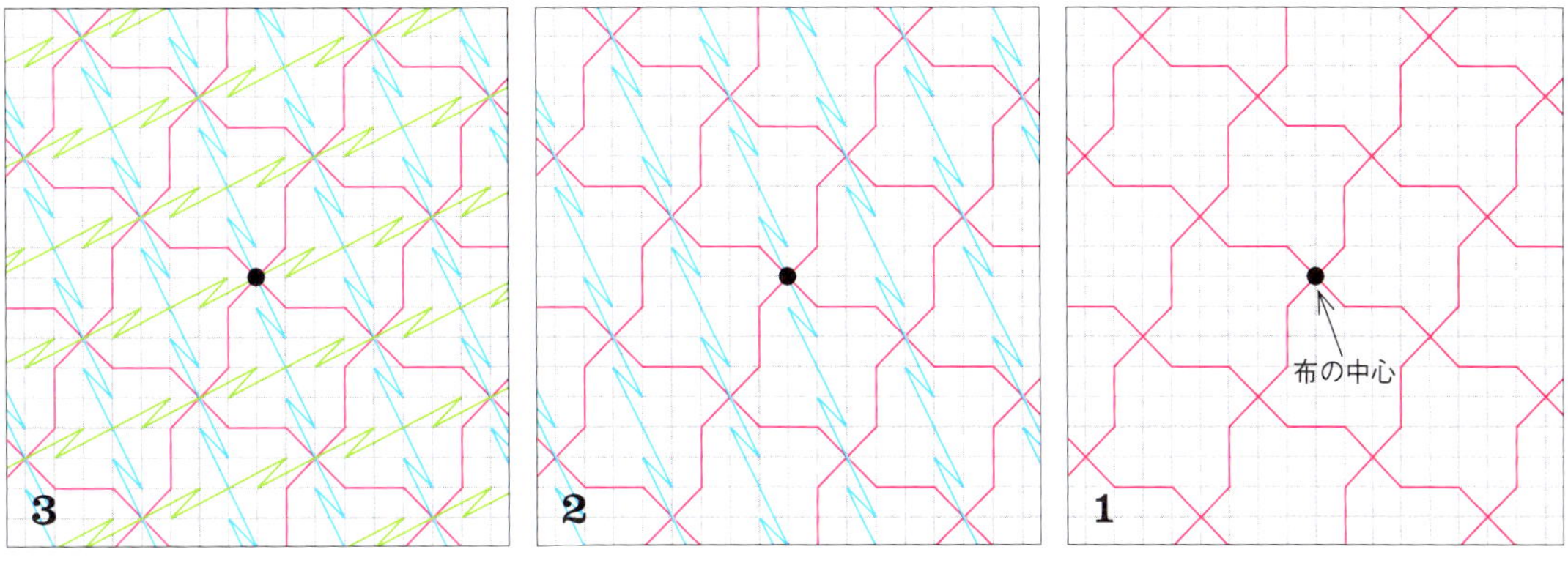

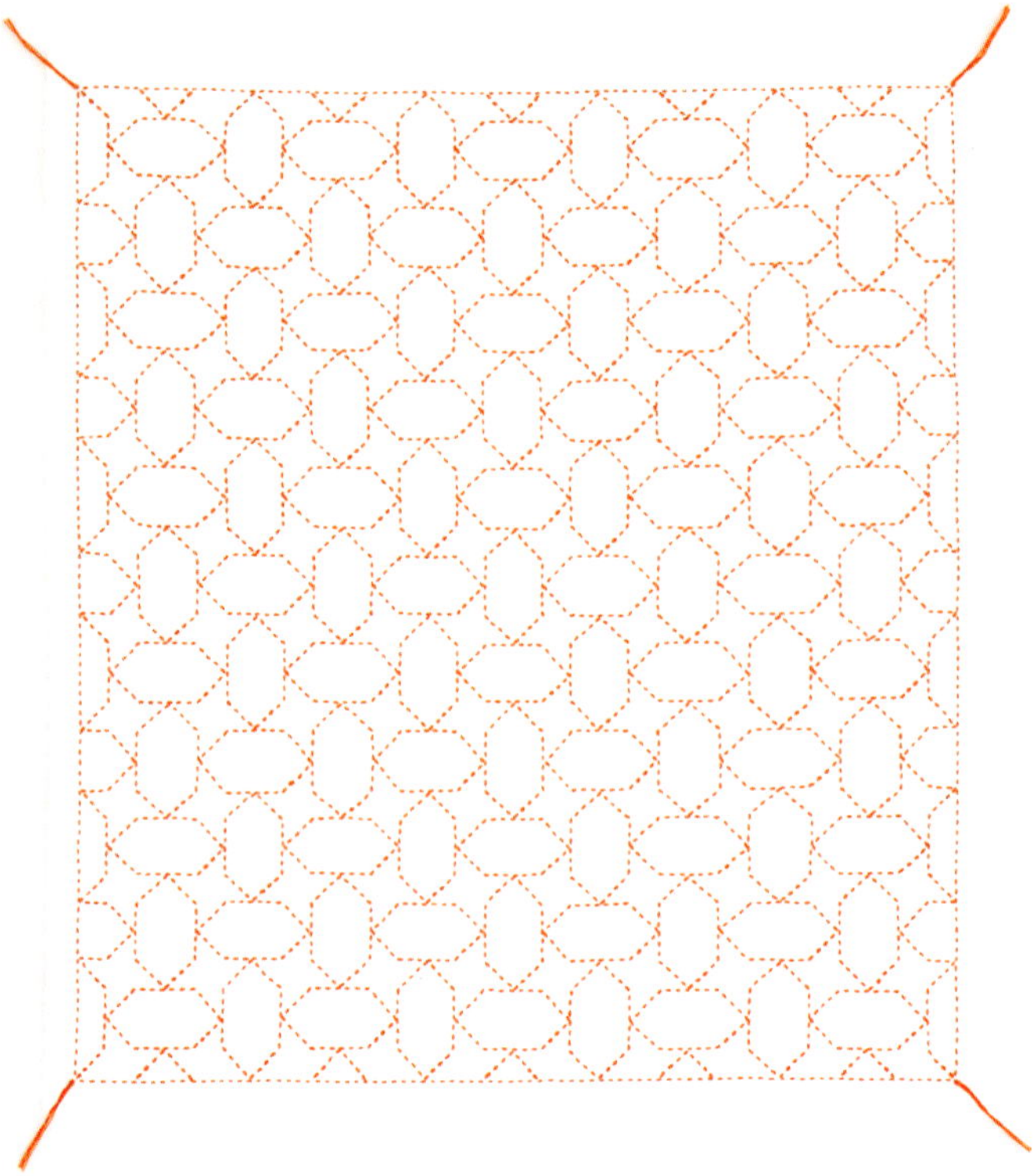

「亀甲」

小雨のとき、池の小魚が水面に遊ぶ様子をちらした亀甲で表しています。

1 下地を作る （↓21頁へ）

2 下線を引く

額縁線を引き、中心から1㎝の方眼線を引きます。図のように、布の中央に亀甲を書き、まわりに角度が90度違う亀甲を並べていきます。

3 額縁を刺す （↓24頁へ）

4 模様を刺す

1 隣接する2つの亀甲を一筆書きのように刺します。まず、中央の亀甲を、返し刺しをせずに刺し始め、一周したら刺し始めの針目に重ねます。

2 次に隣の亀甲を刺し、返し刺しをして終わります。

3 写真の①②、次に③④の順で、8の字を描くように、中央から外側へ向かって、繰り返し刺していきます。

5 仕上げ （↓27頁へ）

下線の引き方

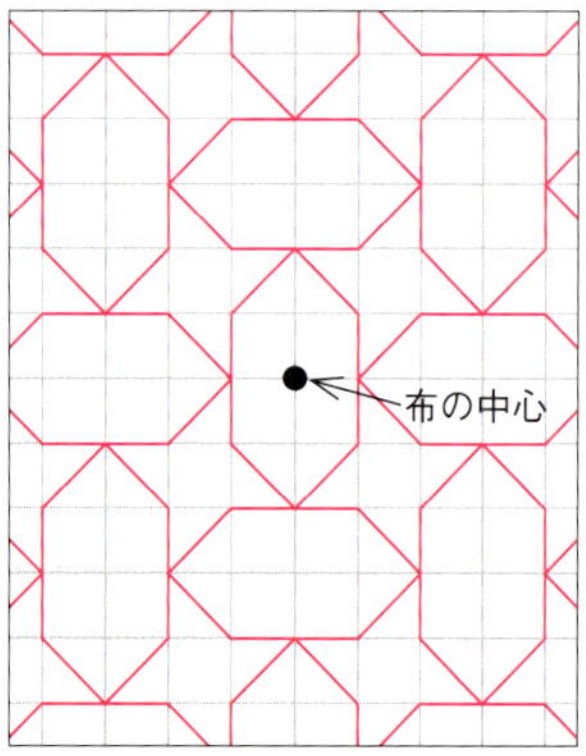
布の中心

模様の刺し方

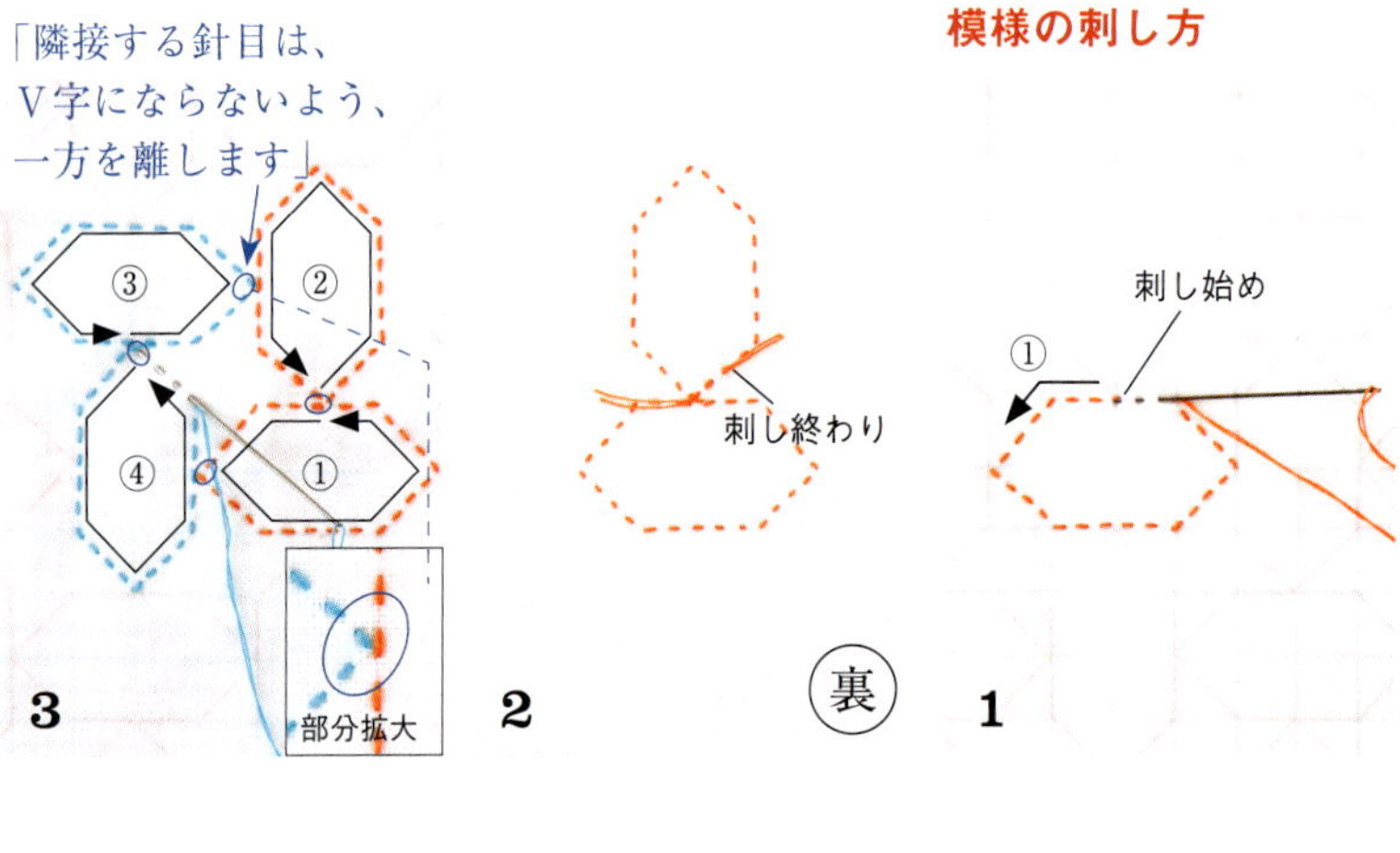
刺し始め
①
1
裏
刺し終わり
2
「隣接する針目は、V字にならないよう、一方を離します」
③
②
④
①
部分拡大
3

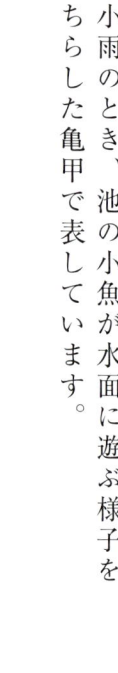

「竿燈」

3種類の亀甲がつながり、のびやかで優雅な模様となります。

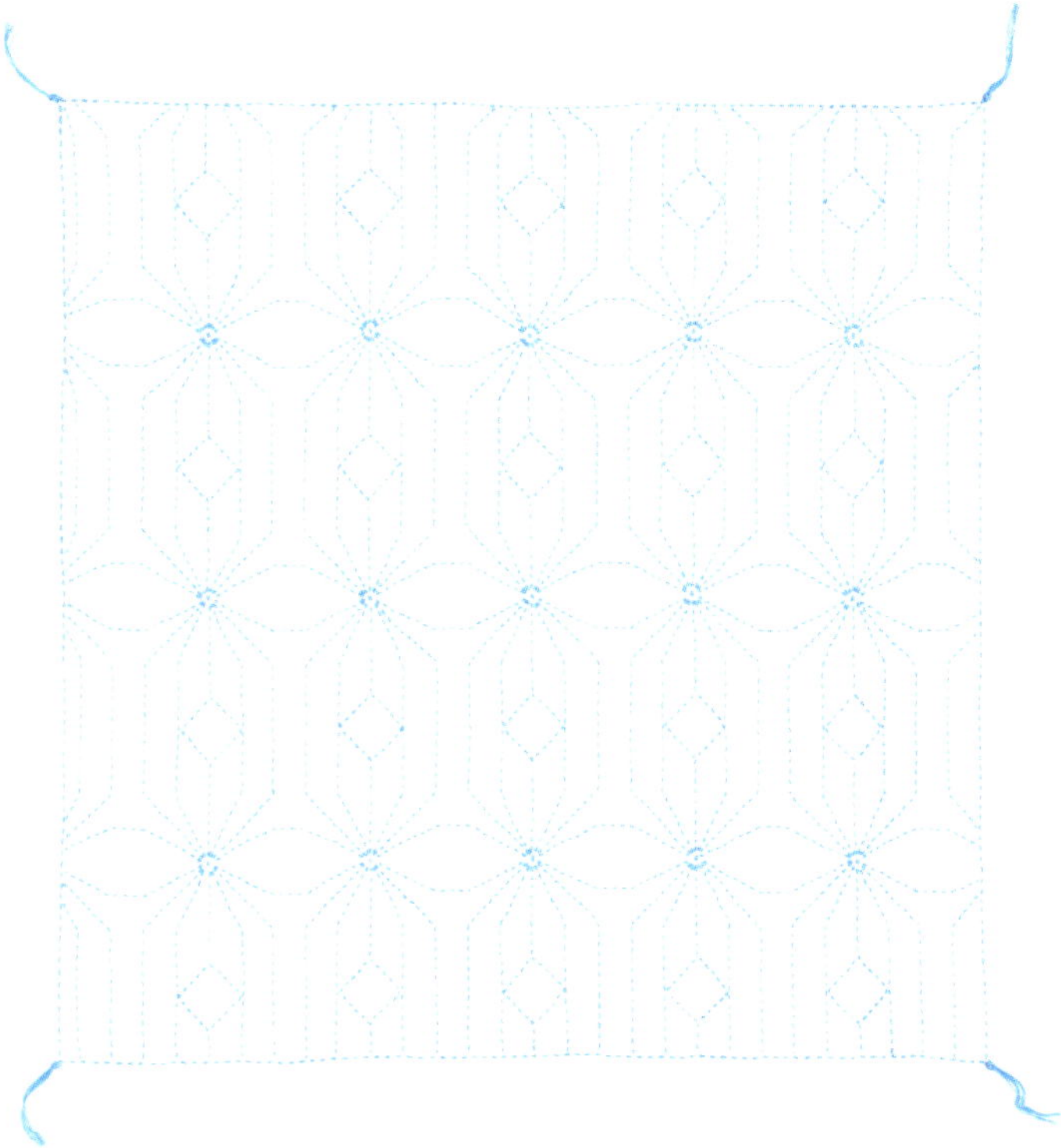

1 下地を作る（→21頁へ）

（→21頁へ）

2 下線を引く

1 額縁線を引き、中心から1㎝の方眼線を引きます。中心の16枡に赤の×線を引き、続けて×の先に4枡線を引き、全面に繰り返します。1枡あけた左右にも同じように引きます。

2 1の×線に、角度と長さが違う青の×線を2種重ね、その先を図のように4枡と1枡線でつなげます。

3 赤と青の交わりに、緑の6枡線をつなげ、その先の4枡の中に斜方形を書き入れ、これを全面に繰り返します。

3 額縁を刺す（→24頁へ）

（→24頁へ）

4 模様を刺す

中心を通る赤の端から一筆書きのように刺します。交差するところは表で針目を重ねます。赤を終えたら、青も同様に、中心を通る縦の端から刺し、その後横を刺します。緑は中心から上方に3枡線を刺し、斜方形を一周し、上の6枡線に進むために、斜方形の2辺の針目を重ねて刺し、上へ進めます。下方へも同様に刺します。青と青、青と緑の交わりは、裏で針目を重ねます。

5 仕上げ（→27頁へ）

（→27頁へ）

下線の引き方

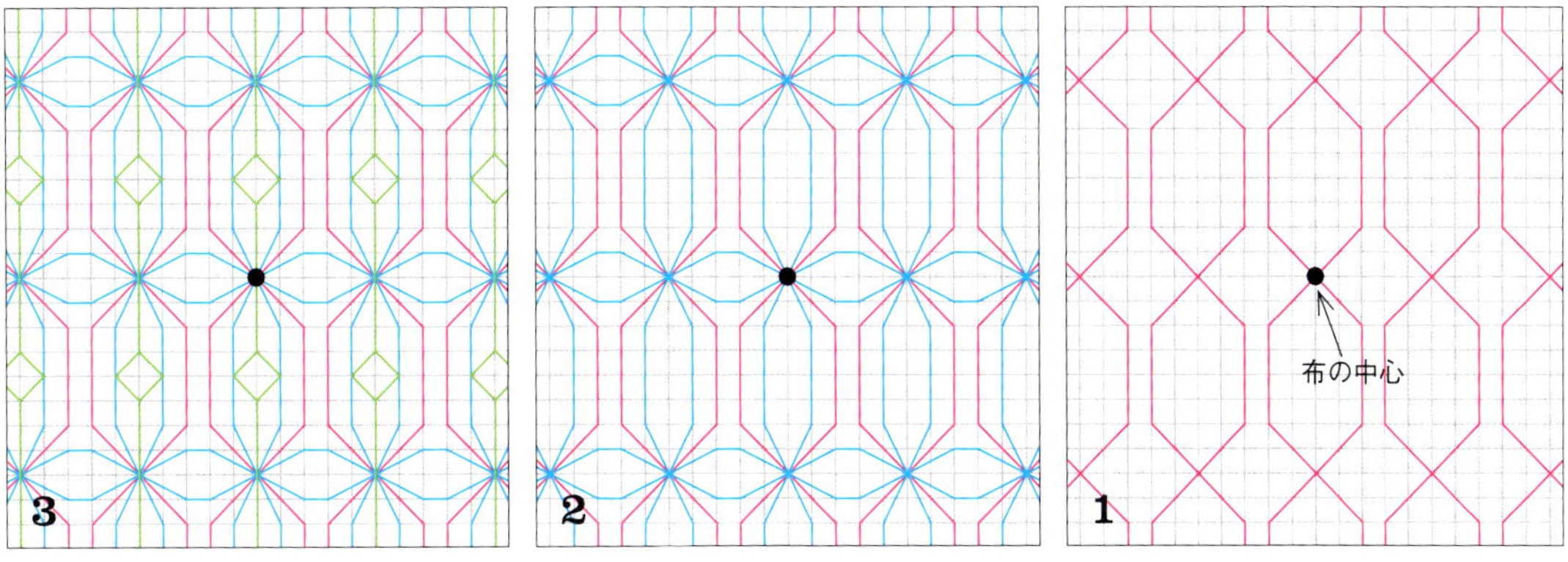

「桜亀甲」

「麻の葉」と「亀甲」模様の応用です。
下線を引いてしまえば、比較的刺しやすい模様です。

下線の引き方

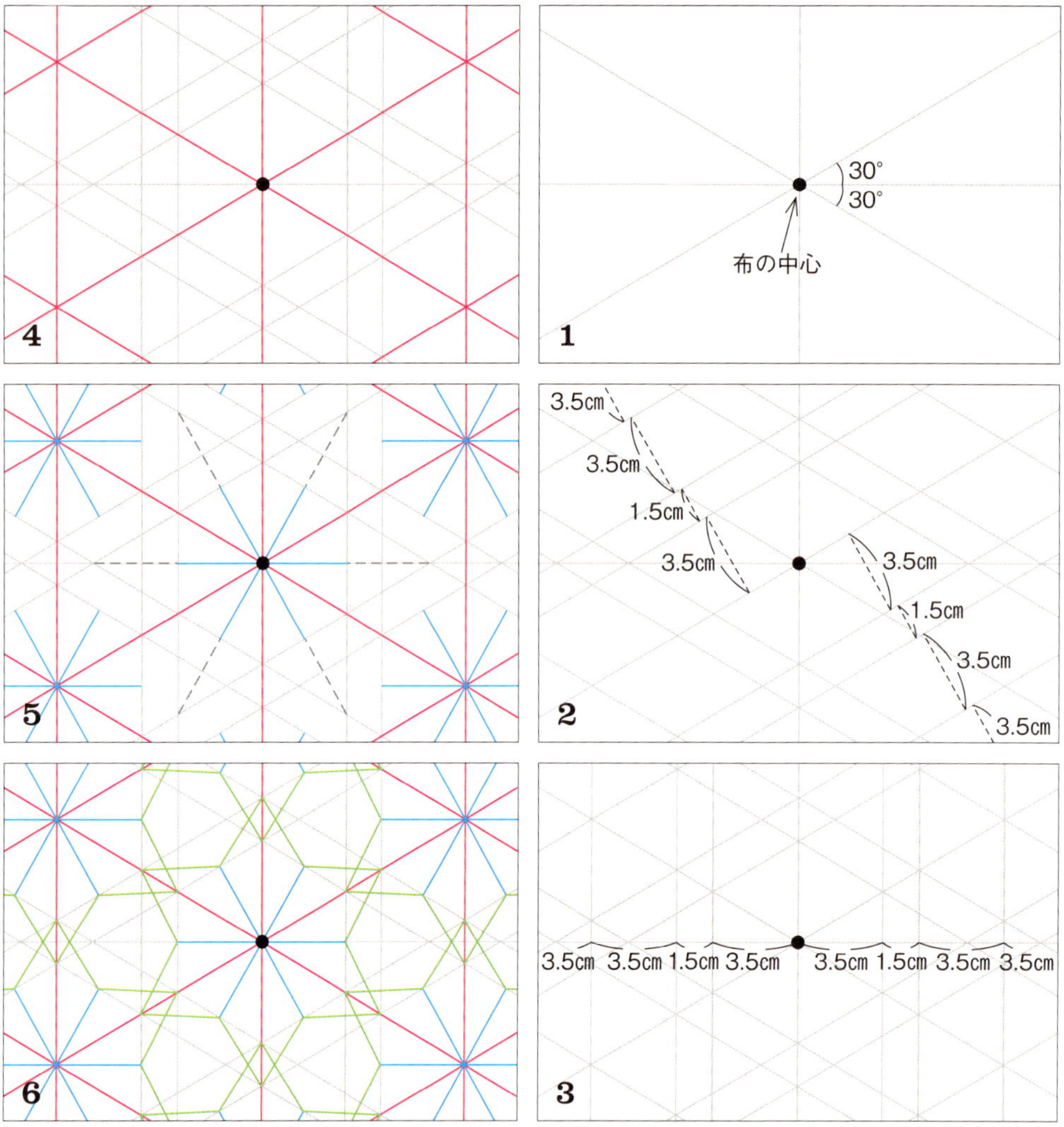

材料と道具（19頁の他に）
◎分度器

1 下地を作る
（→21頁へ）

2 下線を引く

1 額縁線を引きます。横の中心線と布の中心から、上下30度ずつの角度のところで、図のように大きな×線を引きます。

2 1で引いた大きな×線の1辺に、平行に定規をあて、幅が3.5cm、1.5cm、3.5cm、3.5cm、1.5cmの順を一巡として繰り返し、上下に斜線を引いていきます。これを全面に繰り返します。

3 布の中心から、横の中心線に沿っても、図のように幅が3.5cm、1.5cm、3.5cm、3.5cm、1.5cmの順を一巡として繰り返し、左右のみに向かって縦線を引きます。

4 3までに引いた下線にならい、図の赤線のように、正三角形を合わせてできる鱗文を、全面に引きます。

5 布の中心から3本の青線を引きます。図の点線のように、下線の菱形の角に定規を合わせ、亀甲（六角形）内に線を引きます。そのほかも、赤線が交差している点を中心として、同じように定規を合わせ、3本の線を亀甲内に引きます。

6 5で引いた青線の先から、緑線を伸ばします。これを全面に繰り返します。すると桜の花が現れ、花と花とをつなぐ空間は亀甲になっています。

静の麻の葉から亀甲を入れることで、動の麻の葉になります。5片の花びらを持つ桜を思わせますが、この模様では花びらは6片ありますので、桜亀甲となります。

3 額縁を刺す
（→24頁へ）

4 模様を刺す

1 下線4の赤い斜線の端から刺し始めます。赤線同士が交差するところは表で針目を×に重ねます。斜線がすべて刺し終わったら、今度は赤の縦線を端から刺します。交差するところは裏で針目を重ねます。まずは、赤の斜線から刺し終えたほうが、布がツレにくいです。

2 赤線を刺し終えたら、桜の花びら2片(青と緑の線の向かい合う2つの菱形)を刺します。まず、中心にある桜の花びらの、縦2片の部分(縦の中央線が通る花びら2片)を、8の字を描くように刺します。刺し始めは、布の中心の2目上から刺し始め、返し刺しをせず、8の字を描くように一周し、刺し始めの針目に2目重ねて糸を切ります。残りの花びらはひとつずつ刺します。青線の交差部は裏で針目を重ねます。花と花の交差部(小さな菱形)は、どちらかを一針入れ、針目が交差しないように。花びらの頂点の針は、1で刺した裏の針目を割って(2本取りの糸を割って)表に出します。

3 ほかの桜も2と同じように、はじめに縦2片を8の字を描くように刺し、残りの花びらをひとつずつ刺して仕上げます。

5 仕上げ (→27頁へ)

はじめから美しく仕上げようと、根をつめることはありません。刺し終わったときのうれしさを味わってください。

「重ね亀甲」

亀甲を縦と横に重ねることで
井桁と花びらの3模様となります。

1 下地を作る （→21頁へ）

2 下線を引く

1 額縁線を引き、中心から1cmの方眼線を引きます。中心の8枡に×線を引き、続けて×線の先に3枡線、さらに×線を引き、全面に繰り返します（赤線）。

2 3枡の赤線に、3枡の青線を横に2本重ねて引きます。

3 2の青線の先を8枡の緑の×線で結びます。

下線の引き方

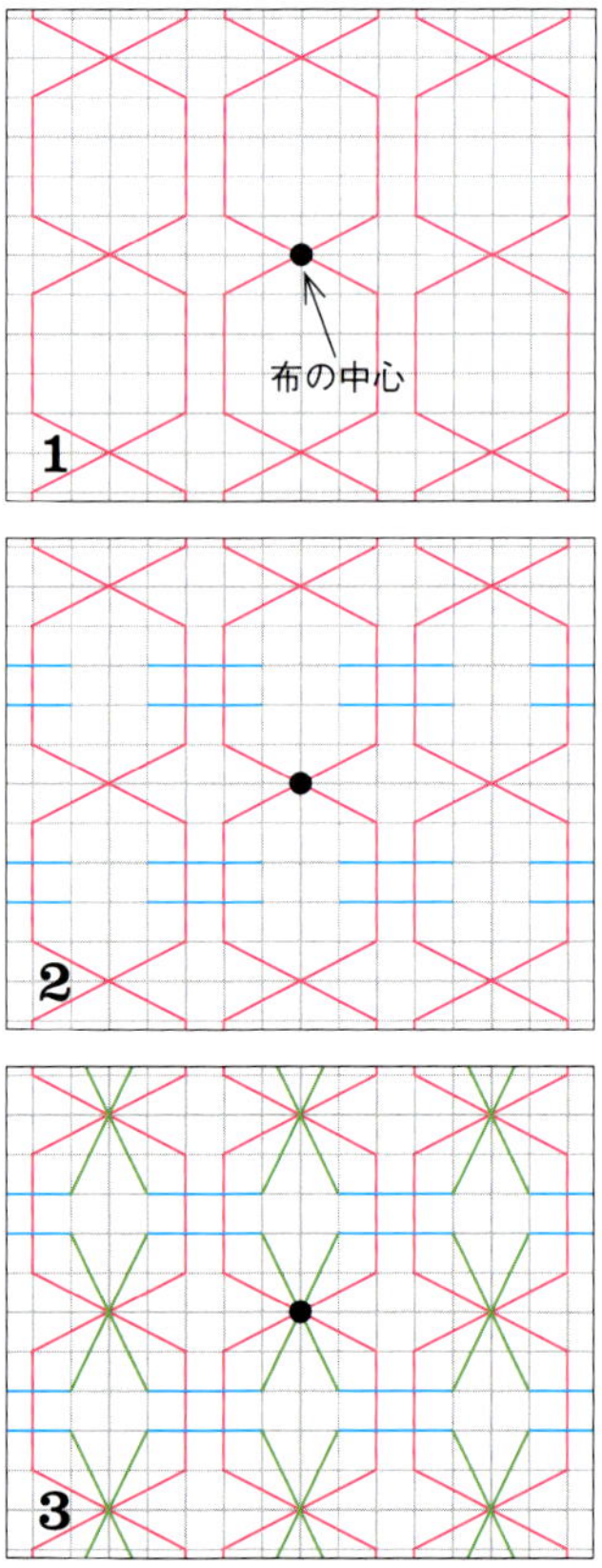

3 額縁を刺す （→24頁へ）

4 模様を刺す

縦の亀甲（下線の赤い線）を端から一筆書きのように刺します。縦の亀甲をすべて刺してから、横の亀甲（下線の青と緑の線）を刺します。2本の線が交差するところは、縦の針目は表に、横の針目は裏に出します。4本の線が交差するところは、縦の亀甲は表で、横の亀甲は裏で、針目を重ねます。

5 仕上げ （→27頁へ）

模様の刺し方

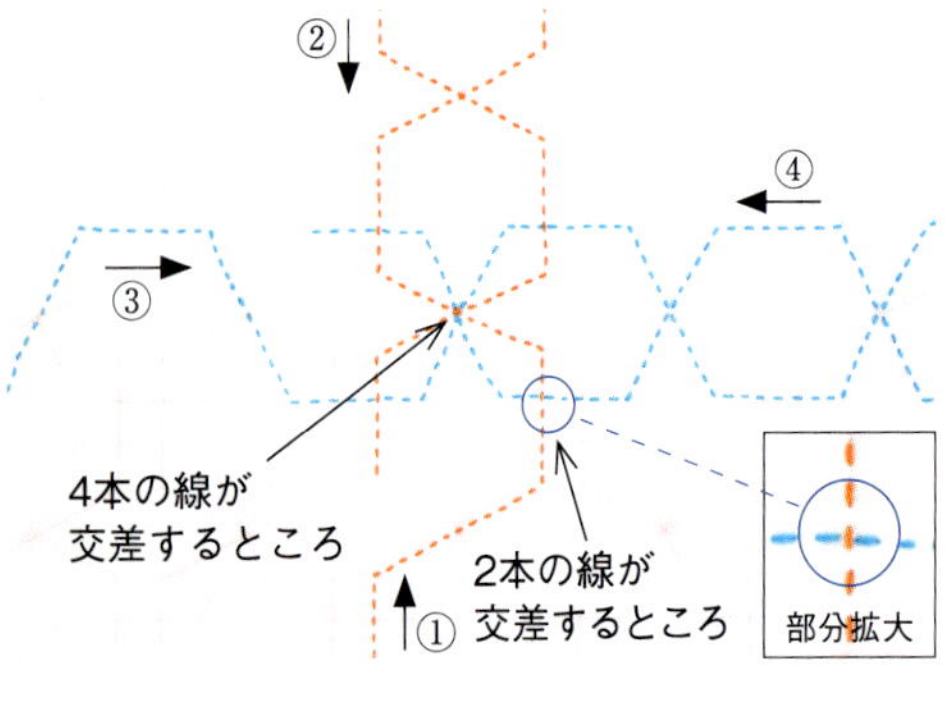

「変わり雷文」

方形の渦巻状の文様です。
中国で古代から愛好されています。

材料と道具（19頁の他に）
◎分度器

1 下地を作る （↓21頁へ）

2 下線を引く

1 額縁線を引き、中心線から45度の角度で、1㎝の斜方眼線を引きます。図の赤線のように上下に10、5、3、2、1、3枡線と10、3、1、2、3、5枡線の順に線を引き、端まで繰り返します。

2 左みみを上にして、図の青線のように左右に10、5、3、2、1、3枡線と10、3、1、2、3、5枡線の順に線を引き、端まで繰り返します。

3 今度は右みみを上にして、青線と同じように緑線を引きます。中央から右みみに向かって、赤線→青線→赤線の順に、左みみに向かっては、赤線→緑線→赤線の順に繰り返します。向かい合う赤線と赤線の渦、青線と緑線の渦が4つでひとつの模様となります。

3 額縁を刺す （↓24頁へ）

4 模様を刺す

はじめに真ん中の模様からできるよう、端から一筆書きのように刺していきます。

5 仕上げ （↓27頁へ）

下線の引き方

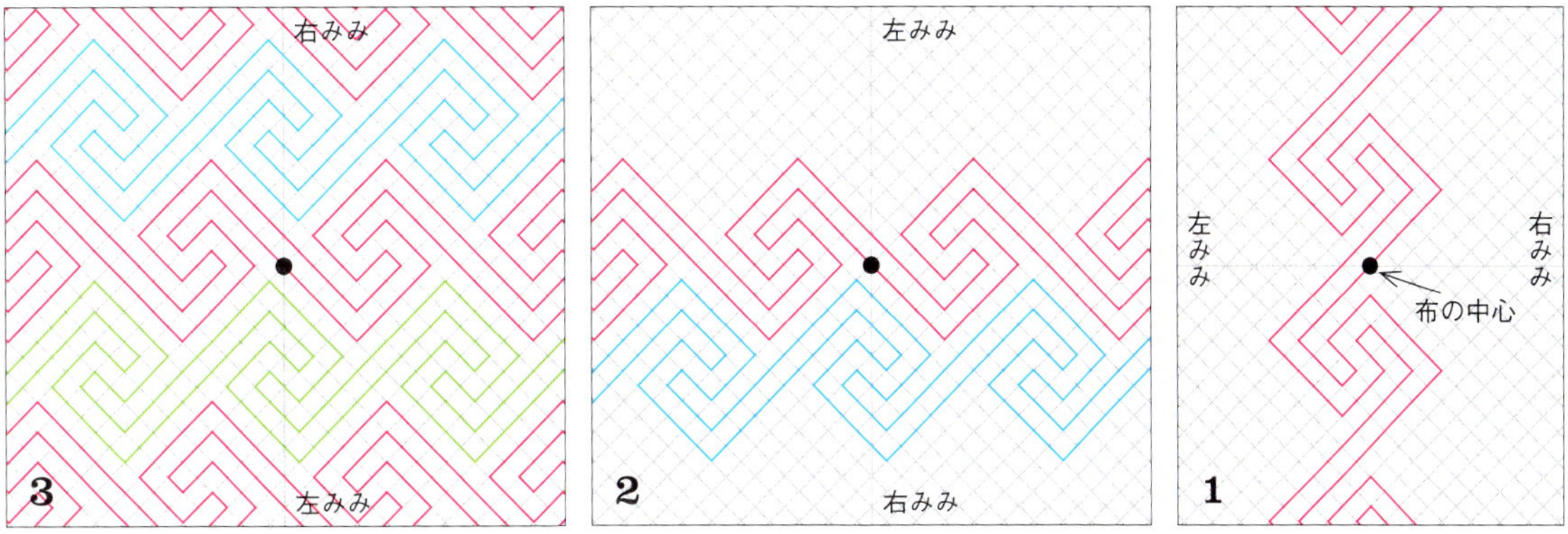
1
左みみ
右みみ
布の中心
2
左みみ
右みみ
3
右みみ
左みみ

「雷神（変わり雷文）」

幸運をよび込むと言われる渦巻が、雷神となって連なっています。

1 下地を作る （↓21頁へ）

2 下線を引く

1 額縁線を引き、中心から1㎝の方眼線を引きます。中心の4枡に斜方形を引き、上下の角から図のように赤線を伸ばします。その先の4枡に斜方形を書きます。新たな斜方形の上下の角からも同じように線を伸ばし、また斜方形を描き、端まで繰り返します。

2 1の斜方形の左右の角から、図のように青線を伸ばし、その先の4枡に斜方形を書きます。この新たな斜方形の左右の角からも同じ線を伸ばし、斜方形を描き、端まで繰り返します（左みみを上にすると書きやすい）。

3 青の斜方形の上下の角から、図のように緑線を引きます（布方向は1と同じに）。両腕両足を広げた雷神の中に1枡の正方形（茶線）を書き入れます。

3 額縁を刺す （↓24頁へ）

4 模様を刺す

赤線の端から針を進め、斜方形を一周したら2目重ねて糸を切ります。青線も同様に。次に緑線を端から刺し、最後に茶線の正方形をひとつずつ刺します。

5 仕上げ （↓27頁へ）

下線の引き方

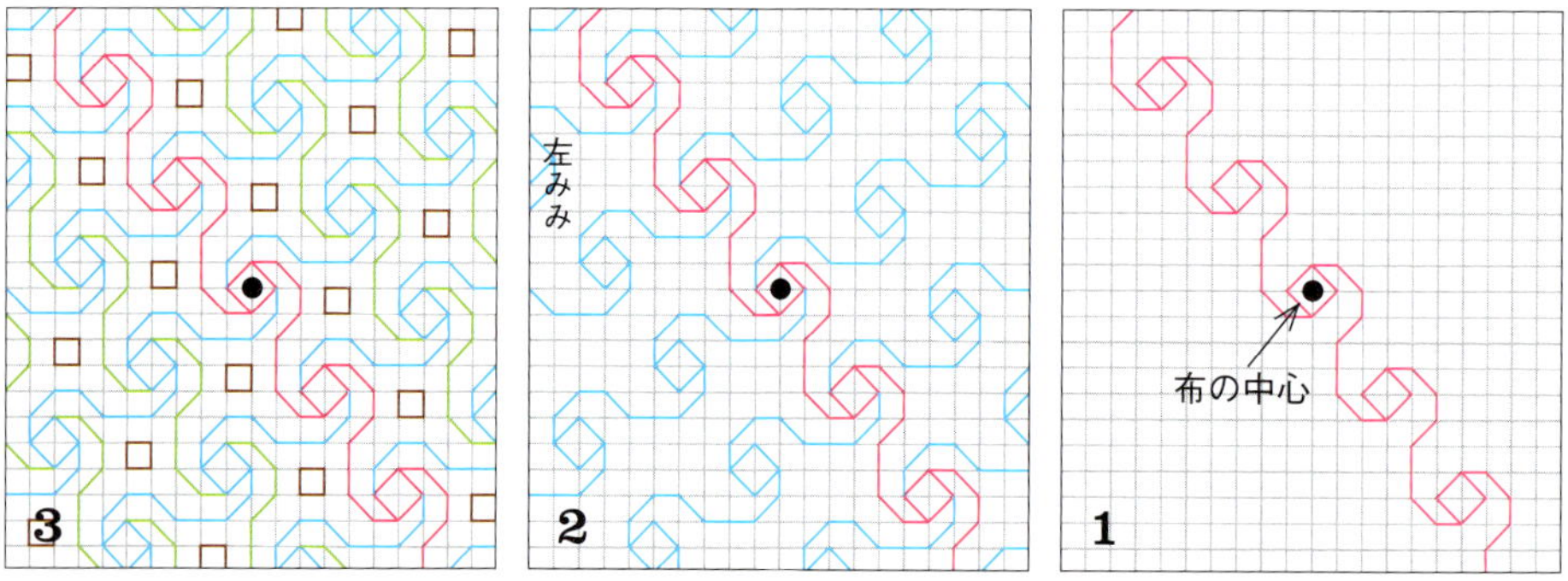

「八角井桁」

八角形の一斗枡に5つ、四角形の一升枡に4つの「米」の字が入るように針目を合わせます。

1 下地を作る （→21頁へ）

2 下線を引く

1 額縁線を引き、中心から1.5㎝の方眼線を引きます。図の赤線のように、9枡の正方形を全面に引きます。

2 青線の斜方形を全面に引きます。

3 赤線と青線の交差する点を中心に八角形（緑線）を引きます。

4 3で現れた緑の4枡の正方形に「井」の字（茶線）を書き入れます。

3 額縁を刺す （→24頁へ）

4 模様を刺す

1 赤線は、横の中心の端から刺し、横がすべて刺し終わったら縦の中心の赤線から刺します。赤線の交わりはすべて、表で針目を十字に重ねます。

2 中心を通る青線の端から刺します。赤と青線の交わりは、裏で針目を十字に重ねます（「米」の字が現れるように）。

3 緑線の八角形を、中心からひとつずつ刺します。

4 最後に「井」を、針を抜かずに刺します（このときも「米」の字になるように）。一画を刺したら針をくぐらせ（26頁E.参照）、次の一画へと刺し進めます。

5 仕上げ （→27頁へ）

下線の引き方

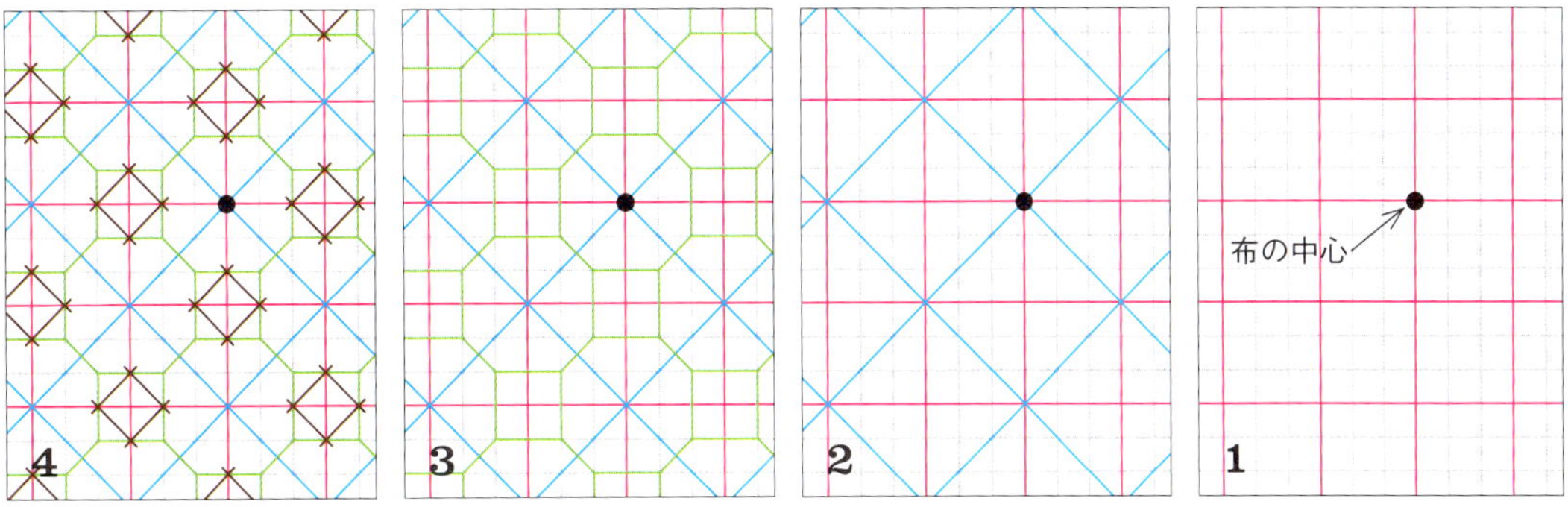

「変わり角麻の葉」

「麻の葉」と、布をたたんでできる
「角麻の葉」模様の応用です。

1 下地を作る （→21頁へ）

2 下線を引く

1 額縁線を引き、中心から1㎝の方眼線を引きます。布の中心に点線A（黒）と点線B（紫）の×線を引き、Aの先にはB、Bの先にはAの×線を伸ばします。これを全面に繰り返します。

2 AとBの×線の交差を中心として、縦4枡、横2枡の青線の十字を引き、その先をさらに図のように伸ばし、これを全面に繰り返します。

3 2で引いた青線の先を、緑の線でつなぎます。

3 額縁を刺す （→24頁へ）

4 模様を刺す

まず、中心を通る赤線の端から、一筆書きのように刺していきます。一方向は表で針目を重ね、もう一方は裏で重ねます。赤線を一本残らず刺したら、青線とつながる緑線の端から、赤線と同じように刺します（中心の模様からできるように）。青線の十字は裏で針目を重ねます。菱形の交差部は下図のように針目を重ねます。

5 仕上げ （→27頁へ）

下線の引き方

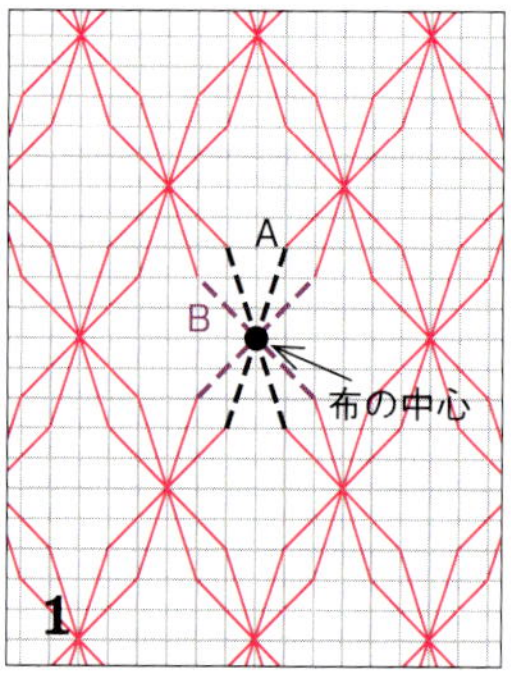

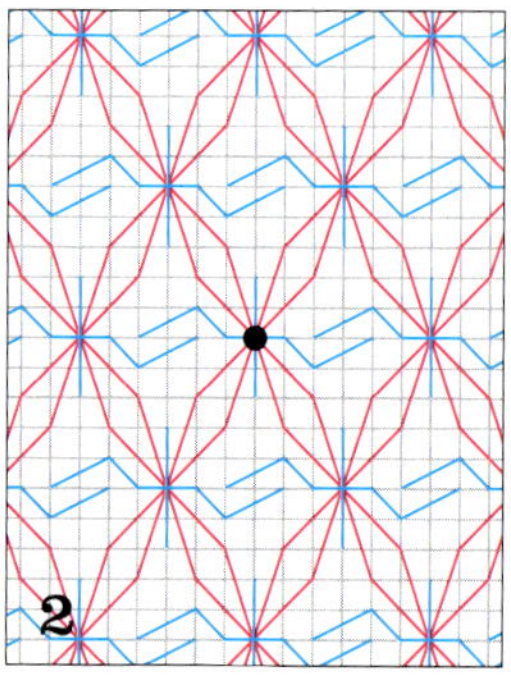

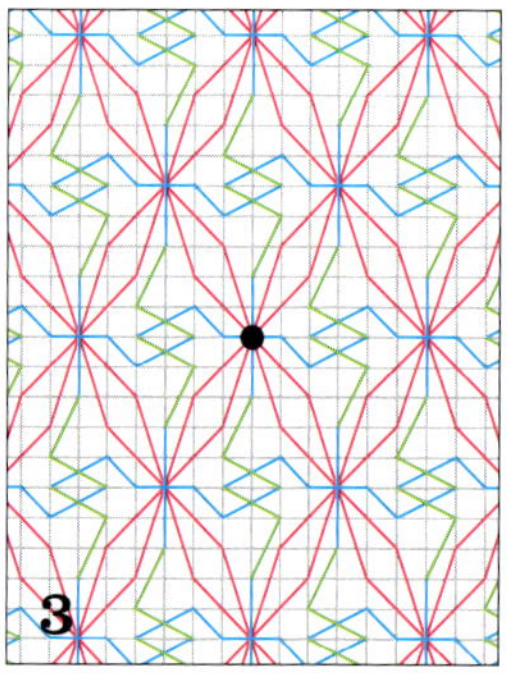

模様の刺し方

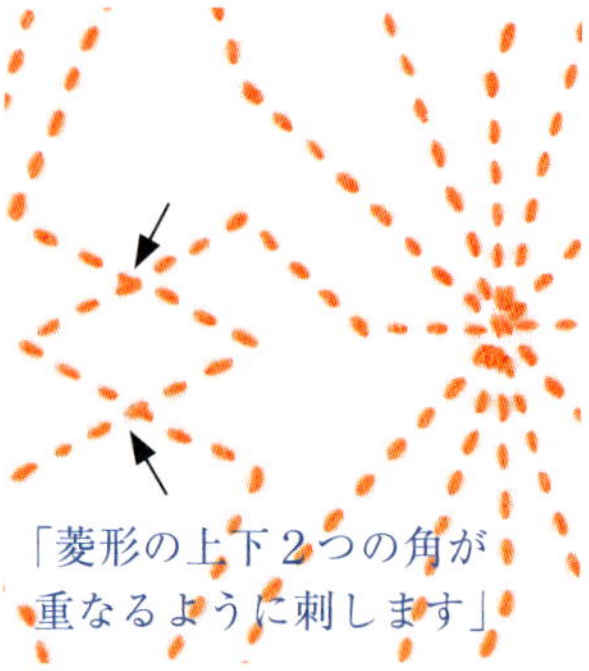

「胡麻幹麻の葉」

秋の実りを願った収穫模様のひとつです。
花ふきんには、草花の模様が多く見られます。

材料と道具（19頁の他に）
◎**分度器**

1 下地を作る （↓21頁へ）

2 下線を引く

1 額縁線を引き、中心線から30度の角度で、1㎝の斜方眼線を引きます。
2 5枡の正三角形を左右に合わせてできる鱗文を全面に書きます（赤線）。
3 3本の赤線の交わりを中心として、1辺が4枡の亀甲（六角形）を書き入れます。これを全面に繰り返します。

3 額縁を刺す （↓24頁へ）

4 模様を刺す

中心を通る赤の斜線から刺します。斜線同士の交差部は表で針目を重ねます。斜線をすべて刺し終えたら、赤線の縦の中心線の端から刺します。このとき斜線との交差部は、裏で針目を通します。斜線から刺すのは、糸こきがきれいにでき、布がツレないからです。最後に、真ん中の模様からできるように、青線の亀甲をひとつずつ刺します。青線同士の交差部は、どちらか一方の針目を表に出します。

5 仕上げ （↓27頁へ）

下線の引き方

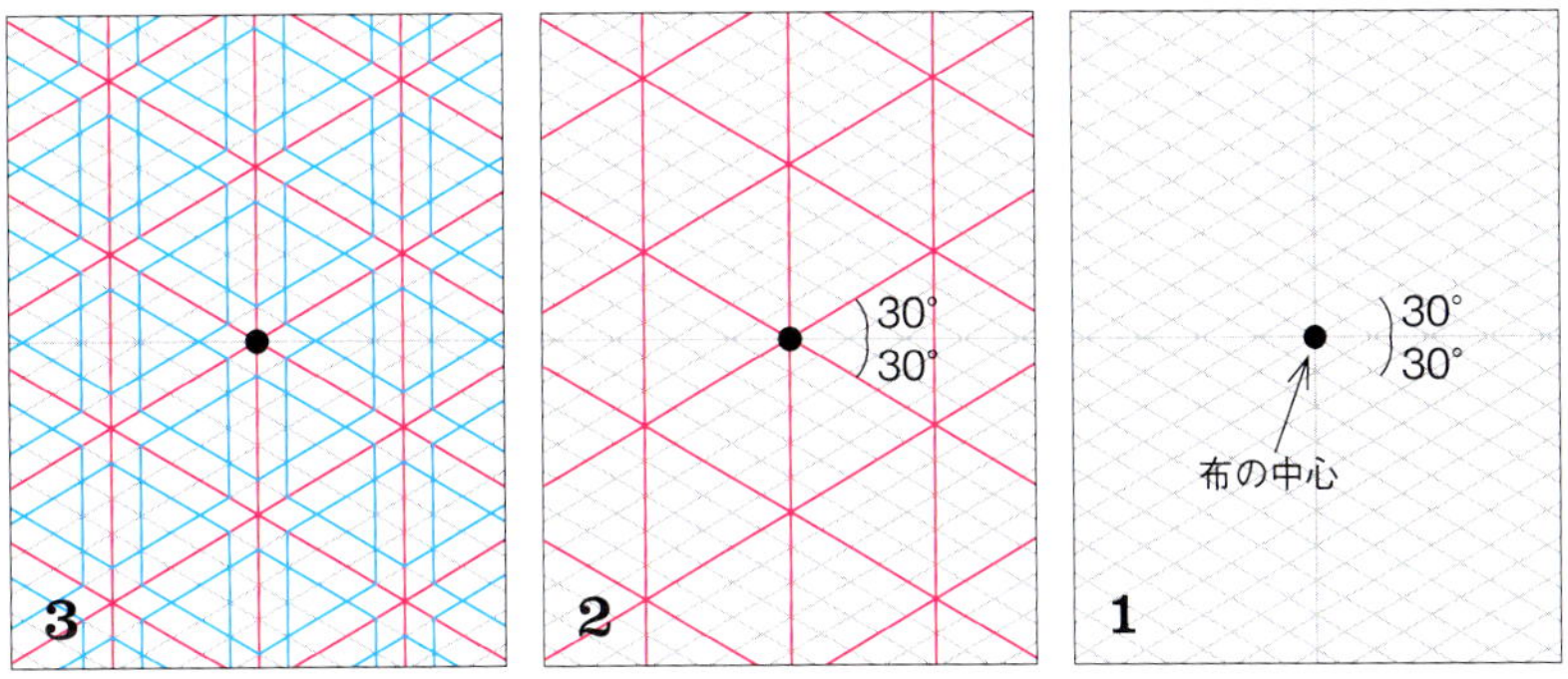
1
30°
30°
布の中心
2
30°
30°
3

模様の刺し方

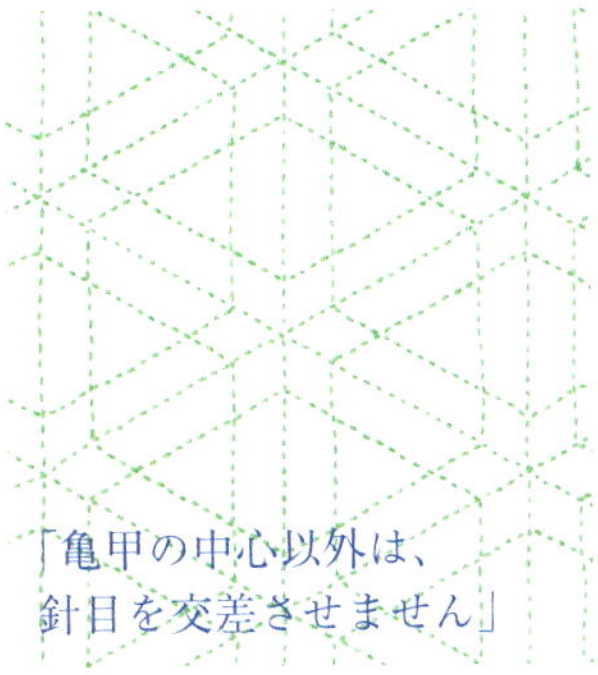
「亀甲の中心以外は、
針目を交差させません」

「二重麻の葉」

「麻の葉」は夏の模様です。
葉の中央の糸の集まりは角形になっていきます。

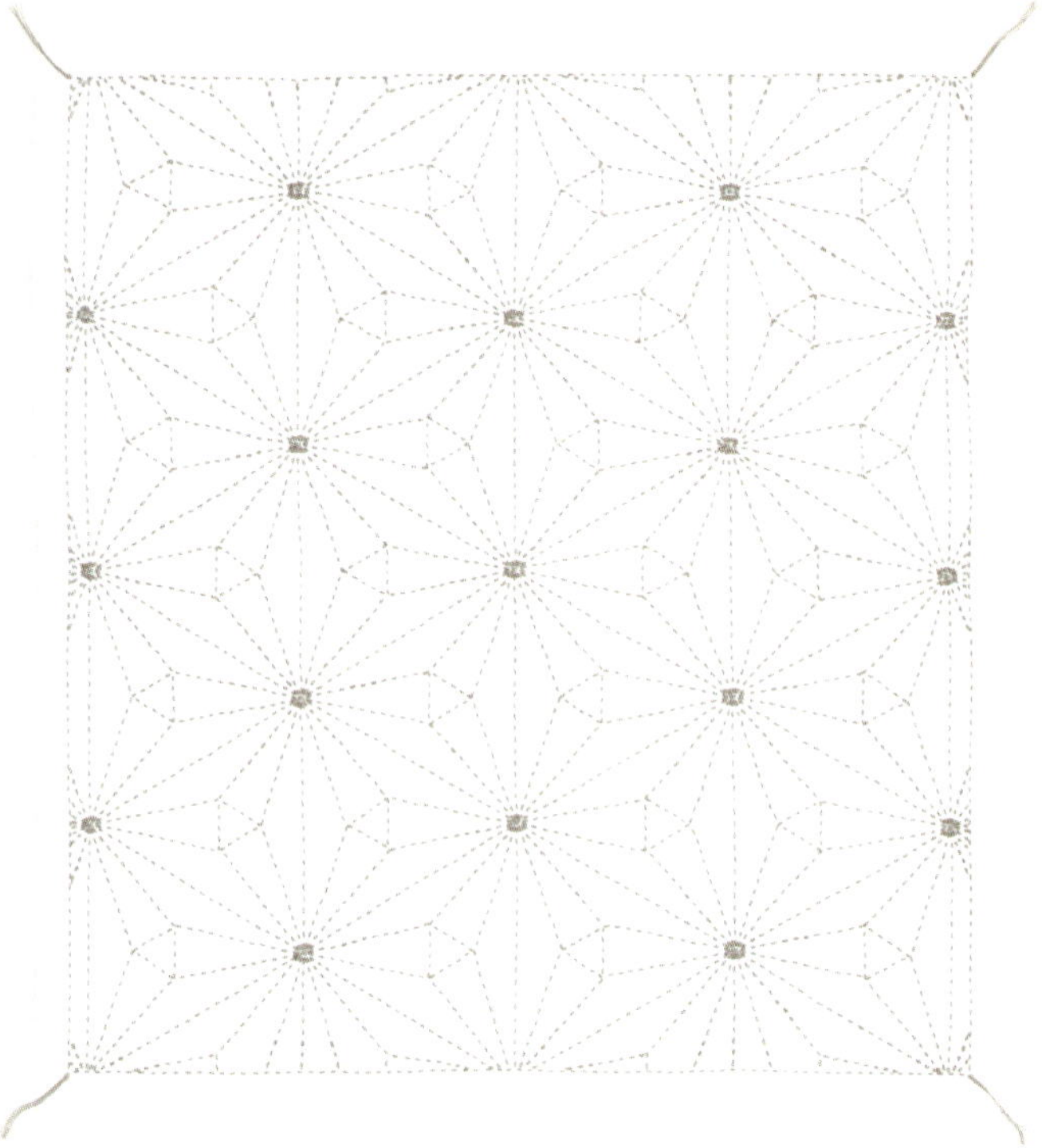

材料と道具（19頁の他に）

◎分度器

1 下地を作る （→21頁へ）

2 下線を引く

1 額縁線を引き、中心から上下30度の角度で1.5㎝の斜方眼線を書きます。

2 5枡の鱗文を全面に書きます（赤線）。3本の赤線の交わりを中心に、青の×線を引き、同じ×線を全面に繰り返します。

3 赤と青の交わりを中心に、緑線の×を引き、その先を1枡伸ばします。

4 赤、青、緑線の交差を中心に、茶の×線を引き、その先を緑線とつないで、小さな三角形にします。

3 額縁を刺す （→24頁へ）

4 模様を刺す

中心を通る赤斜線の端から刺し、交差部は表で針目を重ねます。斜線の後は、縦を中心線から刺します。赤斜線との交差部は裏を通します。次に、真ん中の模様ができる青線の端から一筆書きのように刺し、その後、緑も同様に。最後に茶は、三角形内で針目を重ねないよう、刺し始めは三角を避けます。葉の中央の青、緑、茶の交差部は、裏で針目を重ねます。

5 仕上げ （→27頁へ）

下線の引き方

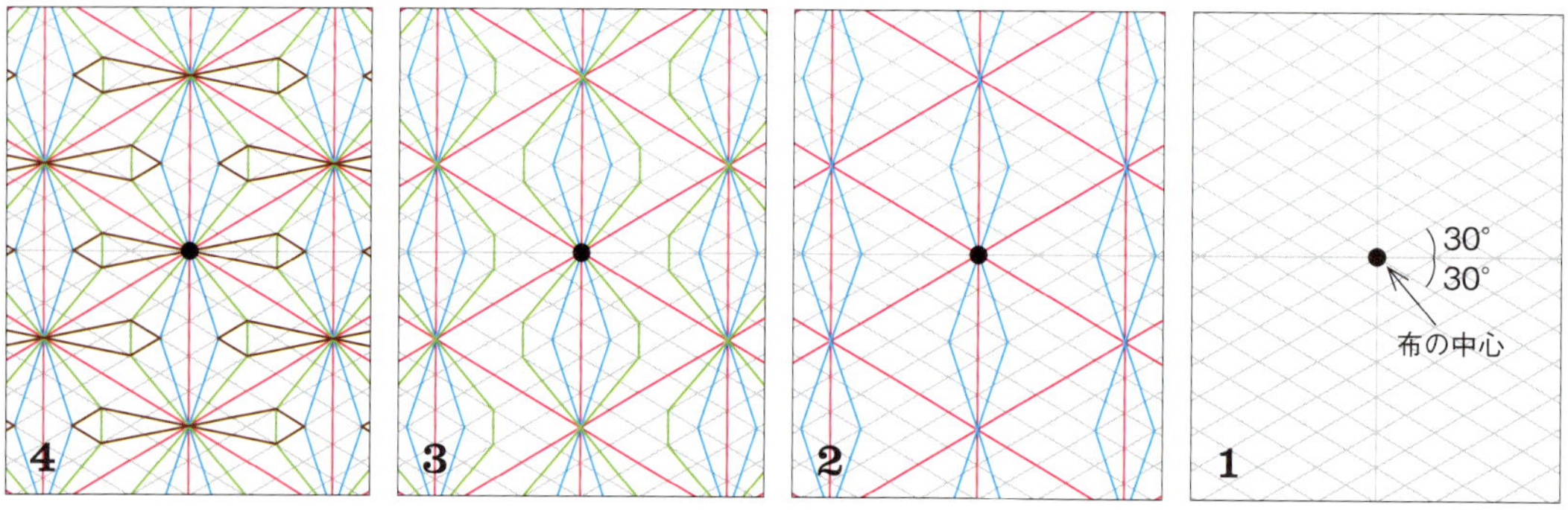

模様刺し・曲線

「七宝」

曲線のなかで最も刺しやすい模様です。
円満を表す円を重ねて繋がっていきます。

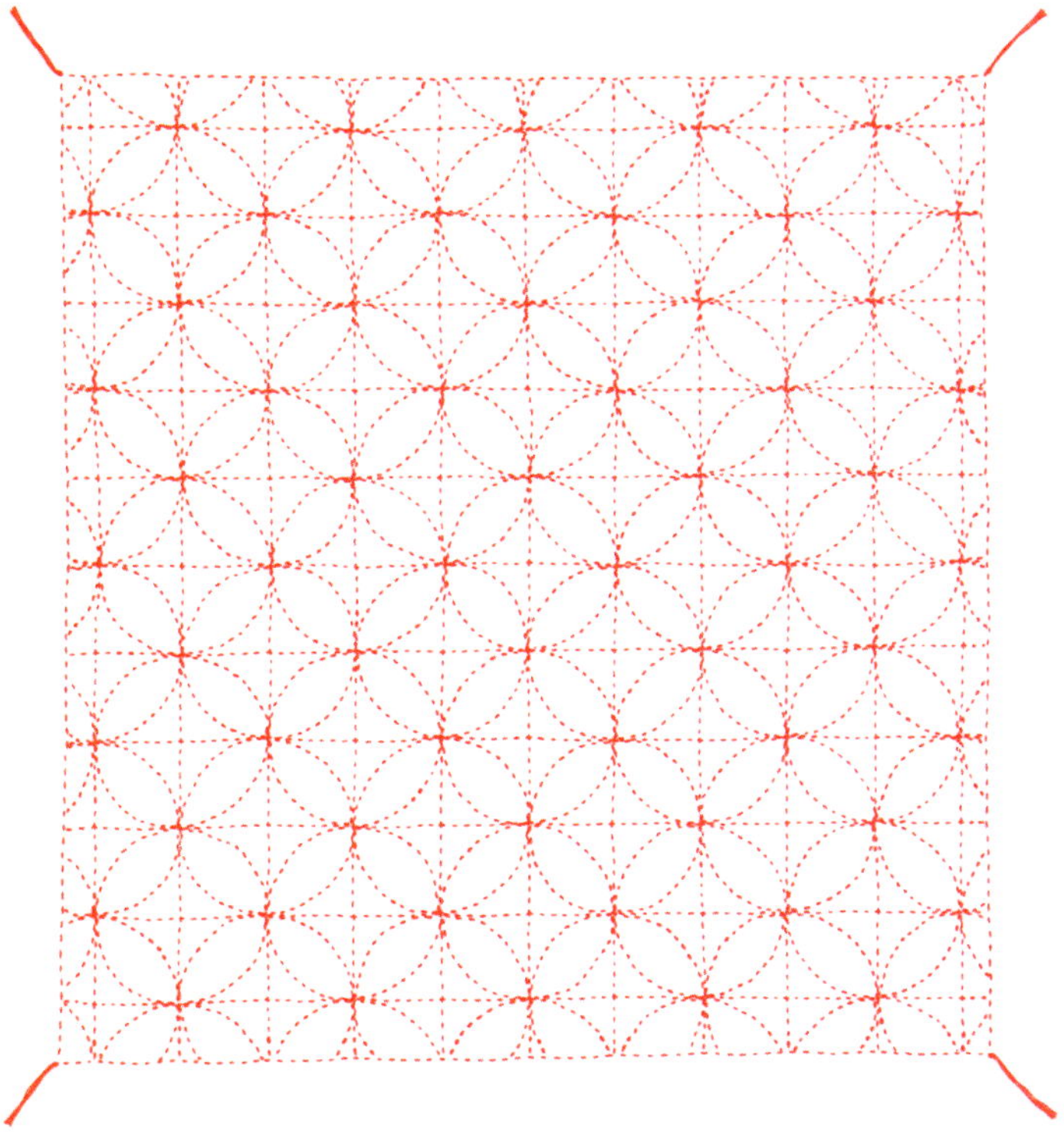

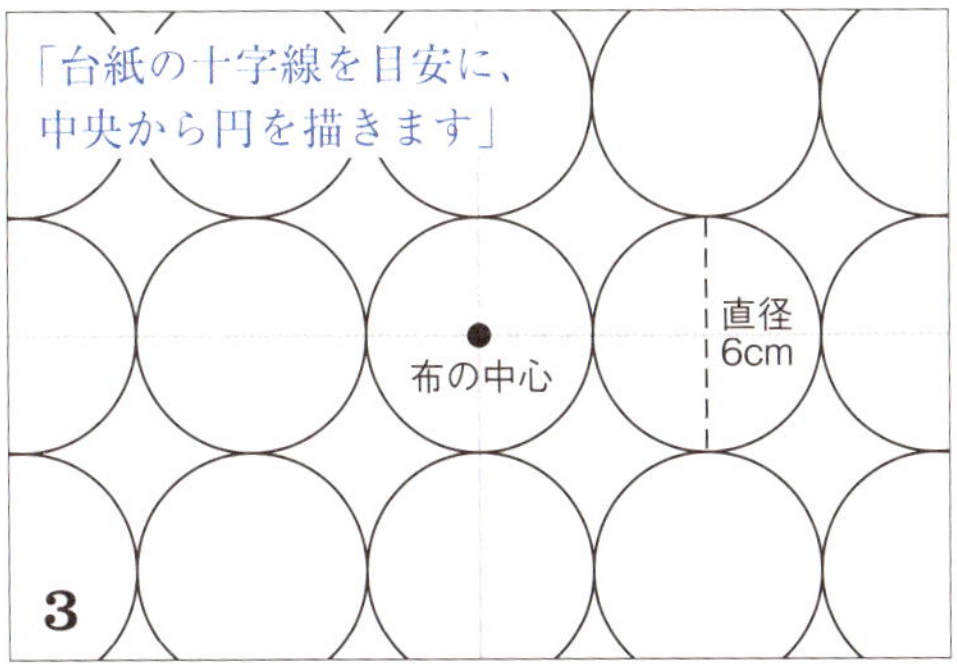
「台紙の十字線を目安に、中央から円を描きます」
直径
6cm
布の中心
3

「円は、チャコペンを立てて持ち、上半分と下半分に分けて描きます」
2

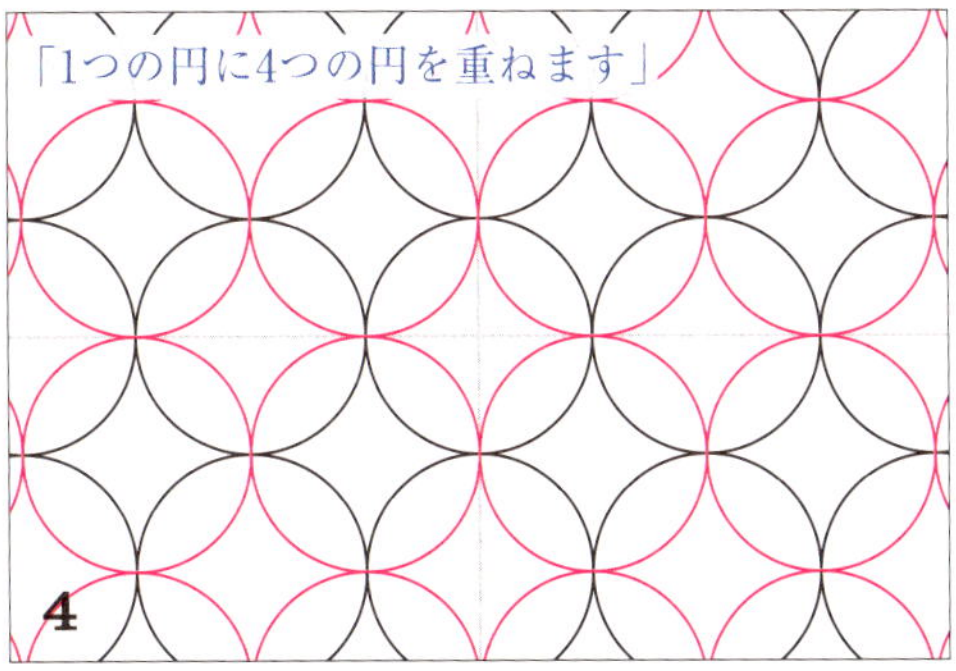
「1つの円に4つの円を重ねます」
4

材料と道具（19頁の他に）

◎直径6㎝の円型の台紙（型紙は52頁）

1 下地を作る（→21頁へ）

2 下線を引く

チャコペンの先はこまめに削りましょう。

1 裁ち目を手前に置きます。4辺とも端から1㎝のところに、額縁の線を引きます。

2 円型の台紙を下地の中央に置き、円を描きます。中央の十字の折り線に、台紙の十字線を重ねて合わせます。

3 十字の折り線上すべてに円を描き、続けて全面に円を描きます（黒線）。

4 3の円に4つの円が重なるように、全面に描きます（赤線）。

3 額縁を刺す（→24頁へ）

4 模様を刺す

斜めの波線を往復して刺していくと、円になります。そして、最後に直線を刺します。

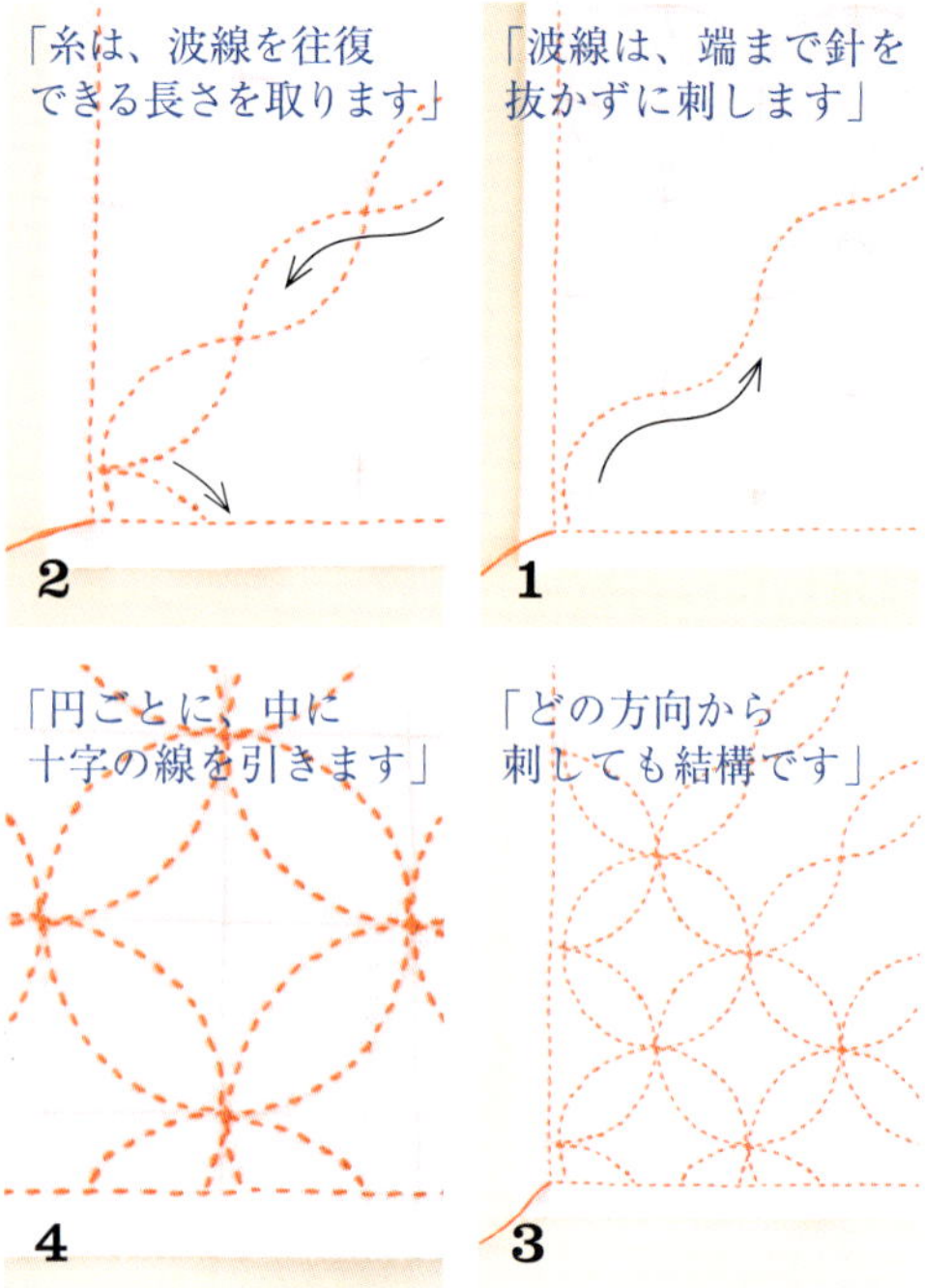

1 2本取りの糸で、端から1本の波線を刺します。

2 端まで刺したら、1の波線に交点が重なるもう一方の波線を刺して、刺し始めの方に戻ります。刺し終わりの近くに続けて刺せる線があれば、そのまま刺していきます。

3 続けて、その他の波線も同様に刺します。

4 すべての波線を刺したら、円の中に十字の線をチャコペンで引き、端から刺します。

5 仕上げ

房を結び、手洗いをしてアイロンをかけます。裏のはみ出した糸や、房を整えて完成です。

1 模様を刺し終わったら、房の根元に玉結びを作ります。

2 洗濯洗剤を使って手洗いをし、乾かしてから霧吹きで水をかけて、ポリ袋の中に入れて10分位休めます。「綿」より低い温度のアイロンで、裏から静かに押すようにかけます。表も同様にかけます。

3 裏に出ている糸端を根元で切ります。額縁の角の長さの2倍のところで房を切って完成です。

◎刺し方のポイント

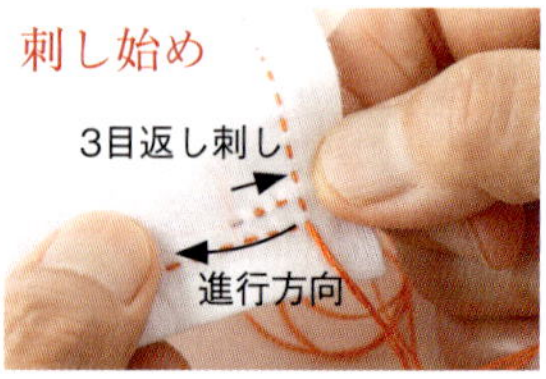

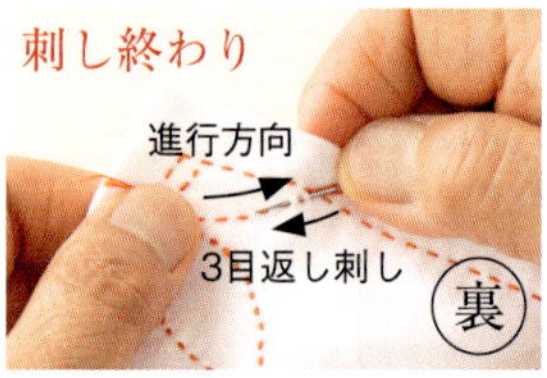

刺し始めと刺し終わり

玉結びをせずに、糸を2cm位残し、3目ほど返し刺しをしてから、最初の表目は半目すくって刺し始めます。刺し終わりは、玉留めをせず、3目ほど返し刺しをしてから、糸端を2cm位残して切ります。

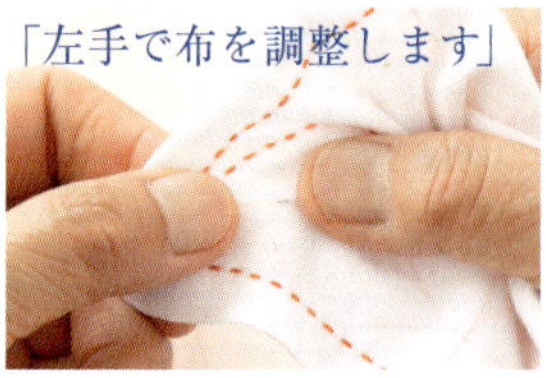

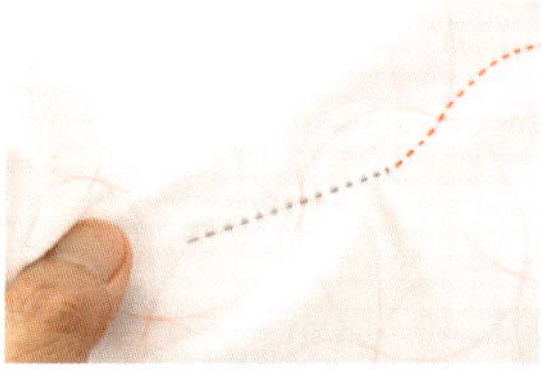

曲線を刺すコツ

曲線が針に対して直線になるように左手で布を届け、右手の針は常に直線と同様に動かして刺します。

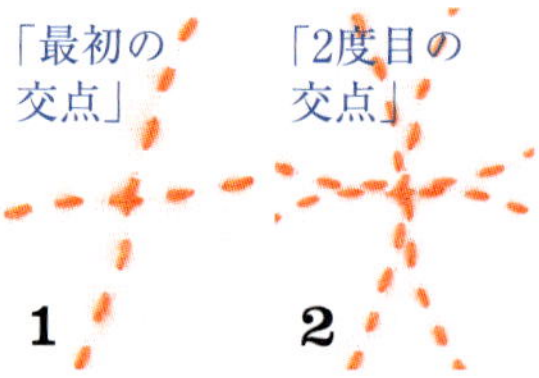

線が交差するところ

最初の交点の針目は、表で中心が重なるように刺します (1)。2度目の交点の針目 (2) と、最後の直線の十字の針目は裏で中心が重なるように刺します。

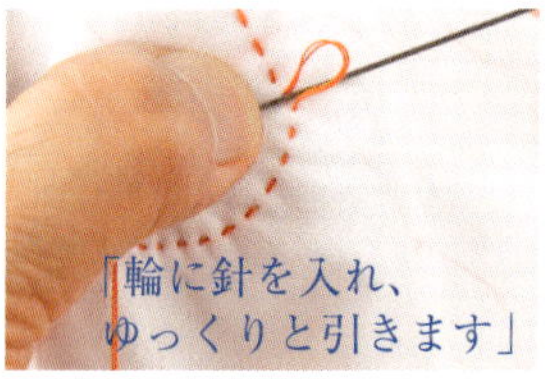

糸を引くとき

針をいったん抜いたら、ゆっくりと糸を引き、刺し始めの針目にできた小さな輪に針を垂直に入れて糸を引き、糸こきをします。

糸が足りない場合

裏で糸を2cm位残して切り、新たな糸で、裏2目ほど前から重ねて刺していきます。

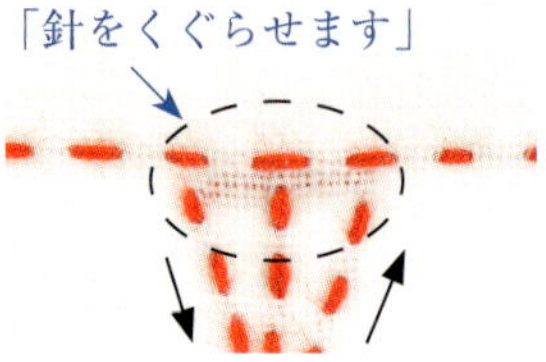

端で終わらず、刺し続ける場合

端まで刺し、まだ糸が残っている場合は、糸を二重の布の間に通して、隣の線から刺し続けることができます。

「七宝に割り菊」

身近な五百円玉を使って、艶やかな模様となる下線を引いていきます。

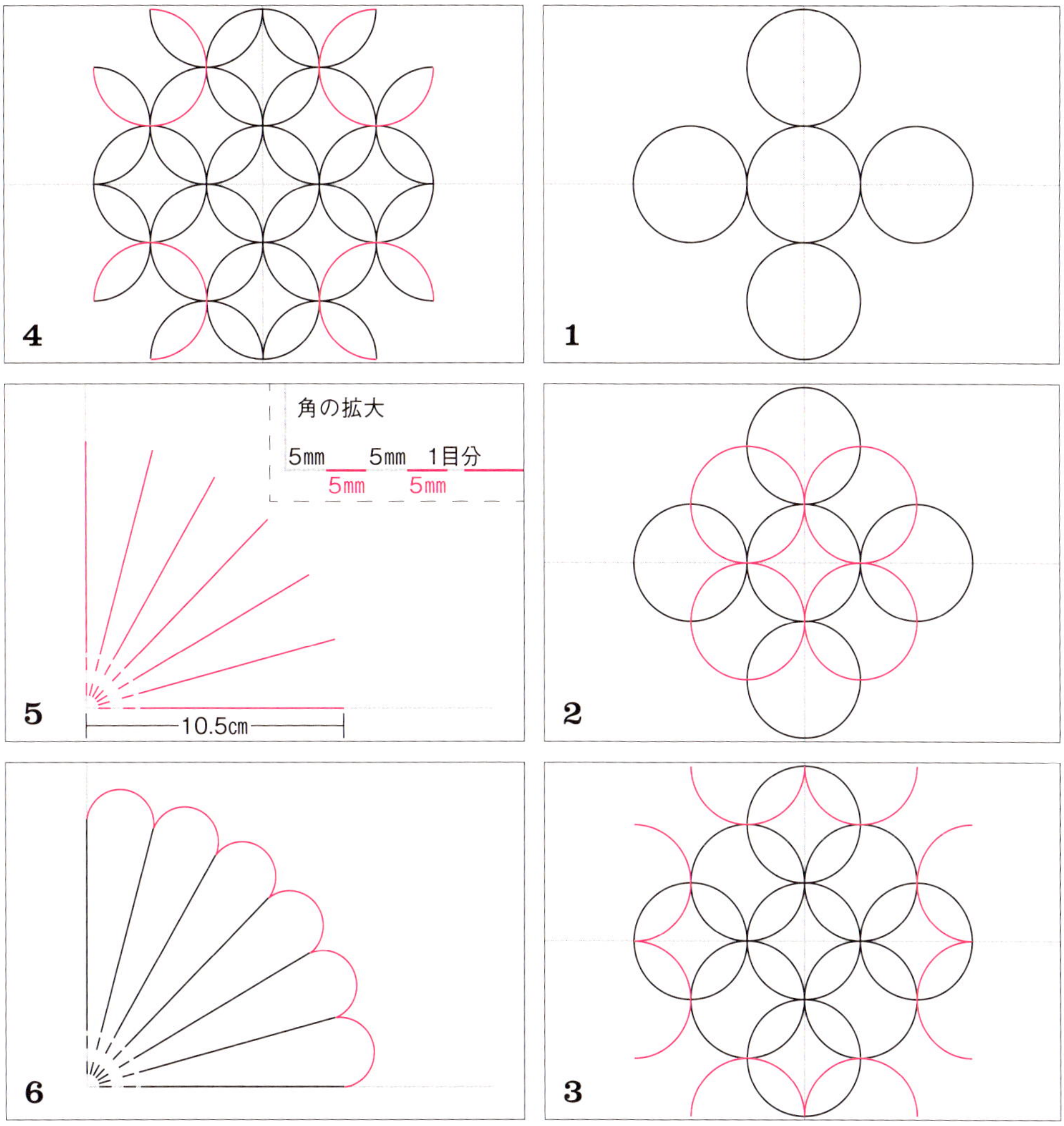

材料と道具（19頁の他に）
◎五百円玉　◎分度器
◎直径6㎝の円型の台紙
（型紙は52頁）

1 下地を作る
（↓21頁へ）

2 下線を引く

1 額縁線を引き、中央に直径6㎝の円型の台紙を使って円を描きます。その上下左右に1つずつ円を描きます。

2 1に4つの円を重ねます。

3 8つの半円を重ねます。

4 3/4の円を4つ重ねます。

5 四隅に割り菊を描きます。額縁の角から15度ずつ分度器で測って、10・5㎝の直線を引きます。角は5㎜間隔で、拡大図のように線を引きます。

6 5の線の先に五百円玉を置いて、先を結ぶように、半円より少し大きい円を描きます。五百円玉は裏の「500」という文字の下の部分の延長線上に10・5㎝の先が来るように置くと、円と直線がきれいに合います。

3 額縁を刺す
（↓24頁へ）

◎身近な道具を使って

刺し子は本来、特別な製図道具を使わずに刺されたものです。今回、曲線を描くのに五百円玉を使ったように、身近なものを使いました。また、分度器がなければ、布をたたんで45度の線を付け、さらにそれを3等分にたたんで15度の線を引くこともできます。

4 模様を刺す（↓46頁参照）

1 四隅の割り菊を、写真の①〜⑥の順に刺します。①は、額縁の角から下線通りに直線を刺し、半円の手前で針を抜きます。続けて半円を刺して針を抜き、額縁の針目に3目重ねて終わります。②〜⑤も同様に刺します。⑥の刺し始めは、半円の近くの額縁に3目重ねてから刺し始め、⑤の直線に3目重ねて刺し終わります。

2 七宝は図の赤線から刺します。刺し始めは、交点の手前3目から刺し、刺し終わりは、刺し始めの針目に3目ほど重ねます。

3 次に図の青と緑の線をそれぞれ刺します。指定の位置で針を抜くと楽に刺すことができます。刺し始めと刺し終わりは2と同様にします(一方向のみ表で針目を交差)。

●刺し方のポイント

Aでは、一方の針目が角に。Bでは、針目がv字にならないよう、一方が円の近くに来るように。

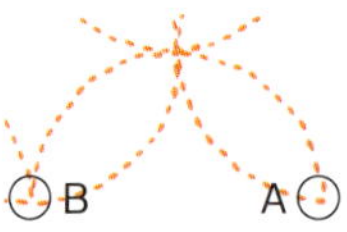

5 仕上げ（↓46頁参照）

●房の作り方（飾り結び）

房は玉結びをせず、根元で結びます。同じ糸の別糸30㎝を二重にして、根元で結びます。さらにもう一度輪を作り、その輪に糸を2回通してゆっくり結びます。最後に長さを切り揃えます。

模様の刺し方

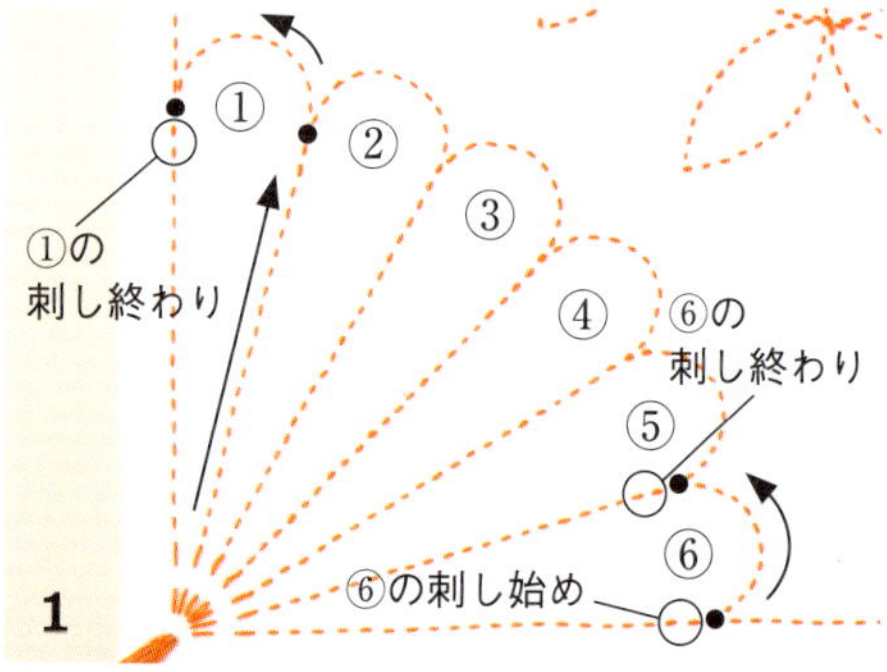

●印で針を抜く

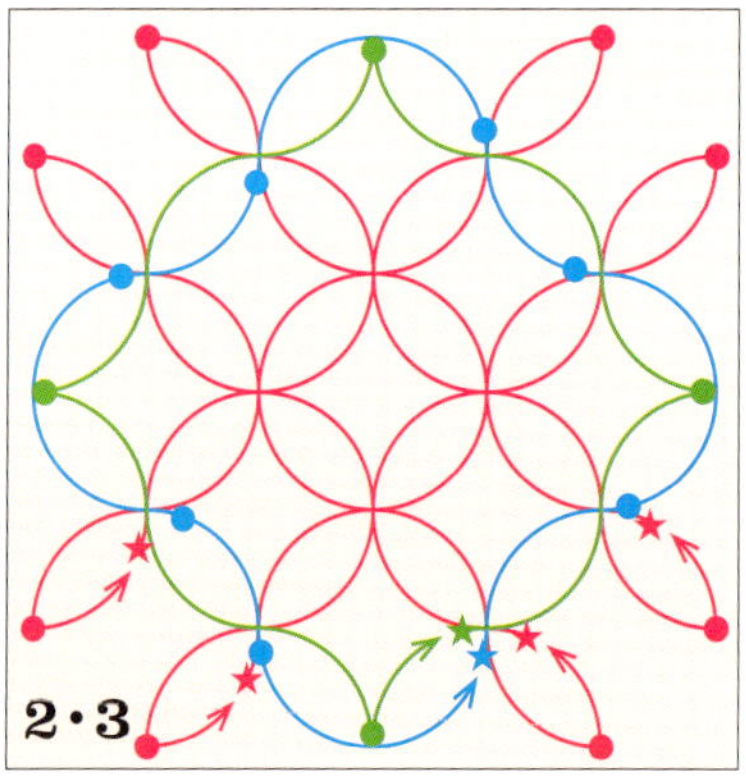

★印から刺し始める　●印で針を抜く

房の作り方

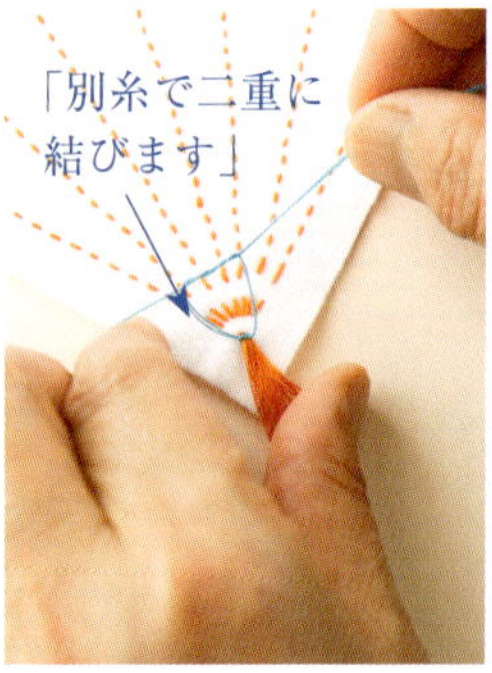

「巴つなぎ」

円型の台紙を使って、上下左右に半円を描きます。
巴がつながって雲形の空間を作ります。

材料と道具（19頁の他に）
◎直径2.8㎝の円型の台紙（型紙は52頁）

1 下地を作る（→21頁へ）

2 下線を引く

1 額縁線を引き、黒線のように直径2.8㎝の円型の台紙を使って、中心から半円を2つずつ描きます。
2 十字の折り線上すべてに、赤線のように半円2つずつを互い違いに描きます。その半円4つ並びを元に、図の青線のように全面にガイド線を引きます。
3 ガイド線を元に、2と同様に半円2つずつを互い違いに描きます（青線）。

3 額縁を刺す（→24頁へ）

4 模様を刺す（→46頁参照）

ガイド線の左右の半円を、端から刺していきます。半円をひとつ刺したら針を抜きます。続けて、もうひとつの半円を交点の3目先まで刺し、針を抜きます。これを繰り返します。円の谷間の針目は、V字にならないように刺します（48頁「刺し方のポイント」B参照）。

5 仕上げ（→46頁へ）

模様の刺し方

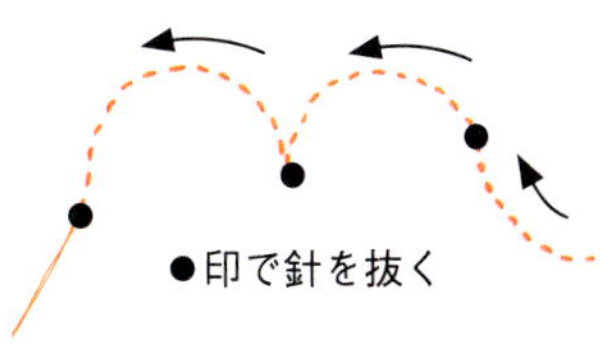

下線の引き方

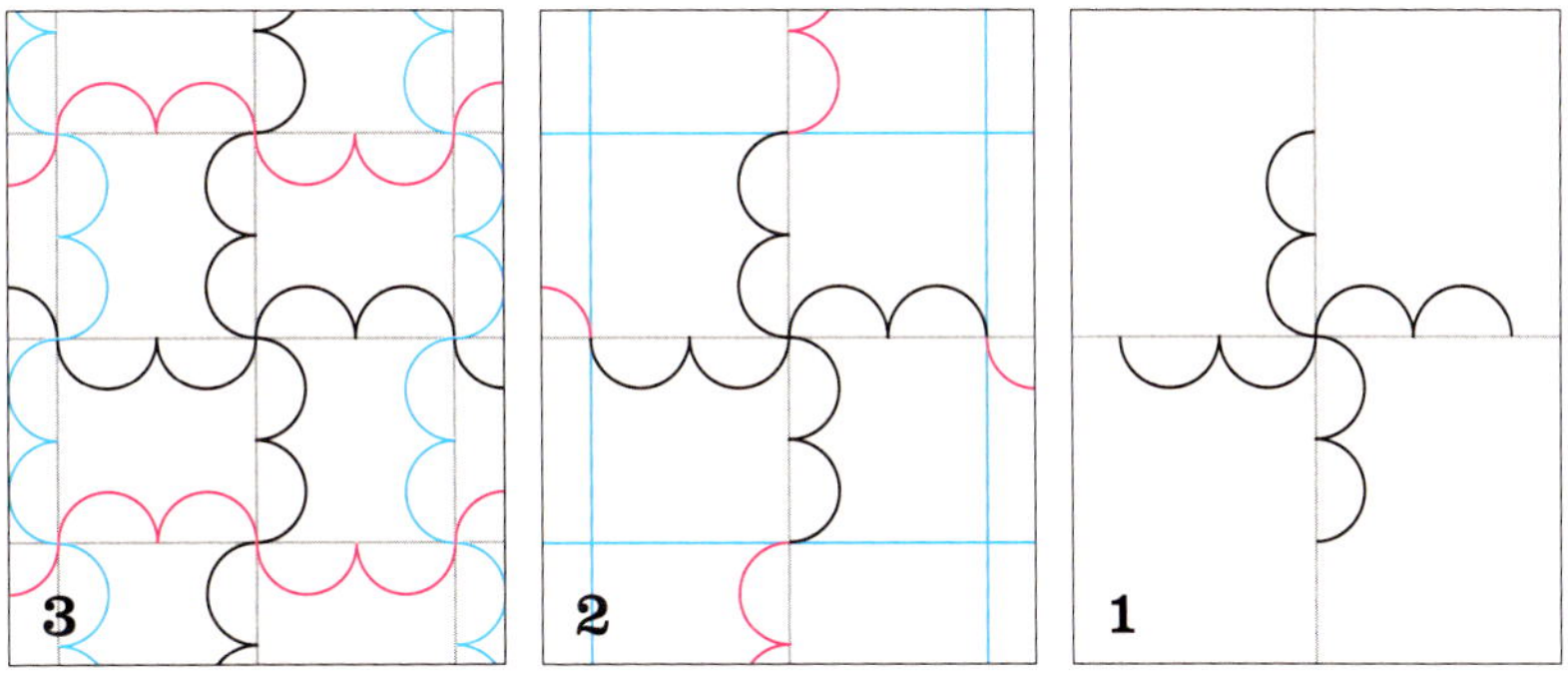

「鳥襷から巴唐草」

49頁の「巴つなぎ」に、鳥襷模様を加えると、巴唐草となり、静から動の模様へと変化します。

材料と道具（19頁の他に）

◎直径2.8と6㎝の円型の台紙（型紙は52頁）

1 下地を作る（→21頁へ）

2 下線を引く

1 額縁線を引き、中心線の上に直径6㎝の台紙を使い半円を互い違いに描きます。

2 続けて、図のように半円を描きます。これで鳥襷模様となります。

3 さらに、2の半円の中に、49頁の巴つなぎを描きます。

◎大きい円（直径6㎝）の半分が小さい円ですが、ペンで引くと少しのズレが出るので、小さい円は、大きい円の半径より小さい台紙（直径2.8㎝）を使うと収まります。

◎刺すうちにチャコペンの線が消えてしまうので、鳥襷を描いて刺し、次に巴つなぎを描いて刺すとよいでしょう。

3 額縁を刺す（→24頁へ）

4 模様を刺す（→46頁参照）

1 鳥襷を刺してから、巴つなぎを刺します。鳥襷は、中央線の左右の半円を、端から刺していきます。同様に全面を刺します。

2 大きい円の頂上は、2つの円の針目が重ならないように交互に刺します。

5 仕上げ（→46頁へ）

模様の刺し方

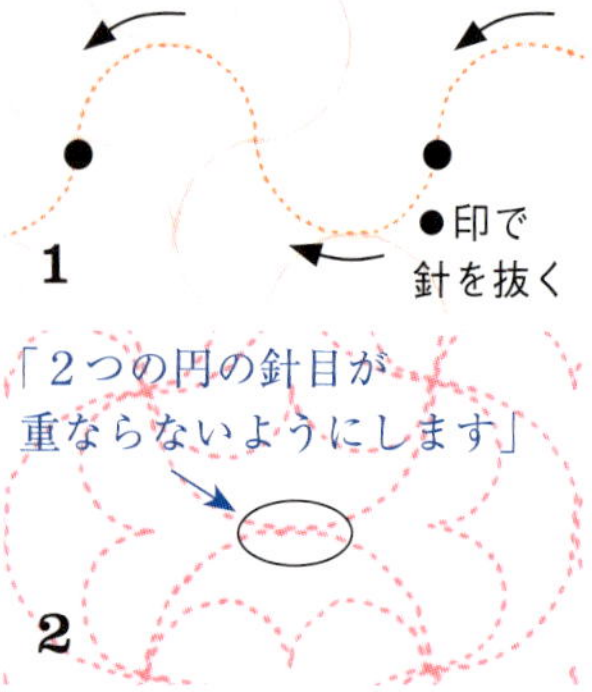

下線の引き方

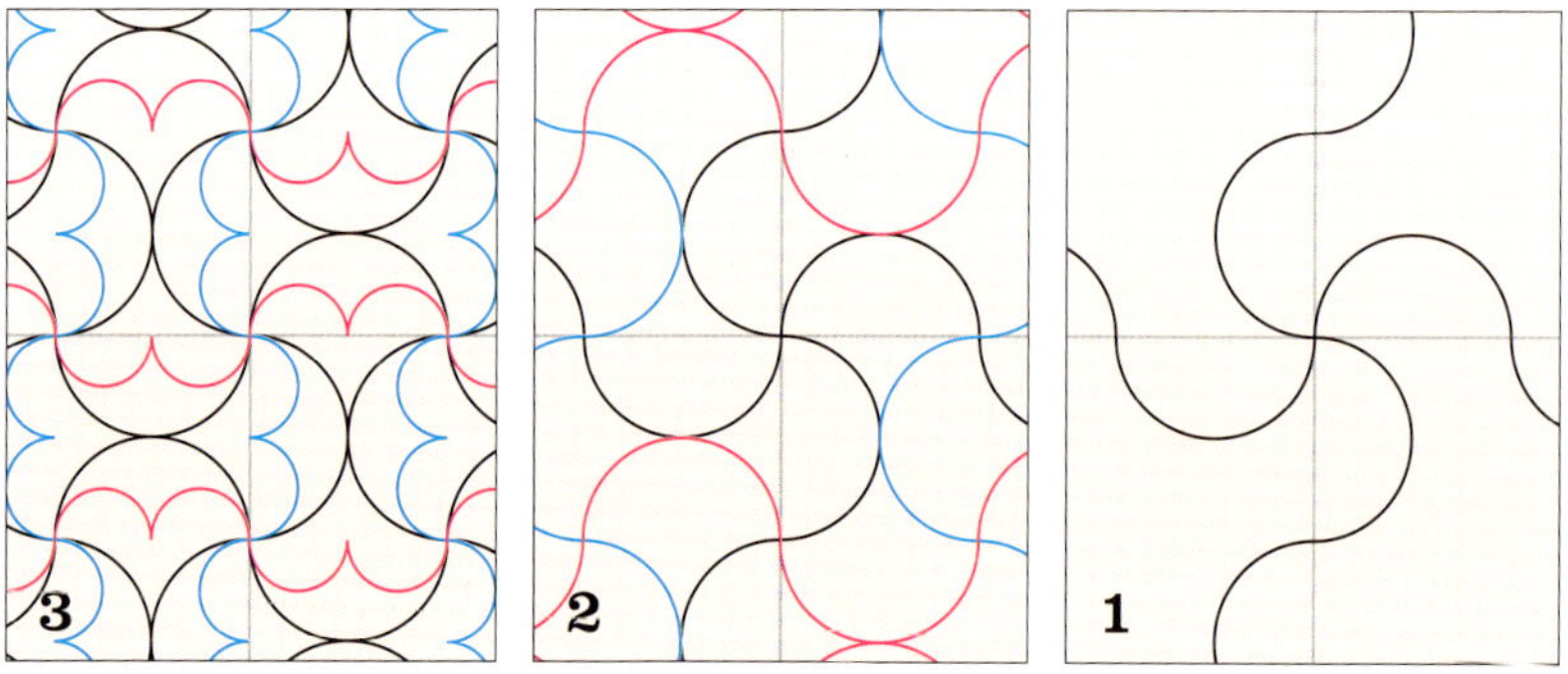

「千鳥から巴唐草」

千鳥模様に、巴が唐草のようにからみます。その中心に、七宝を巴に置きます。

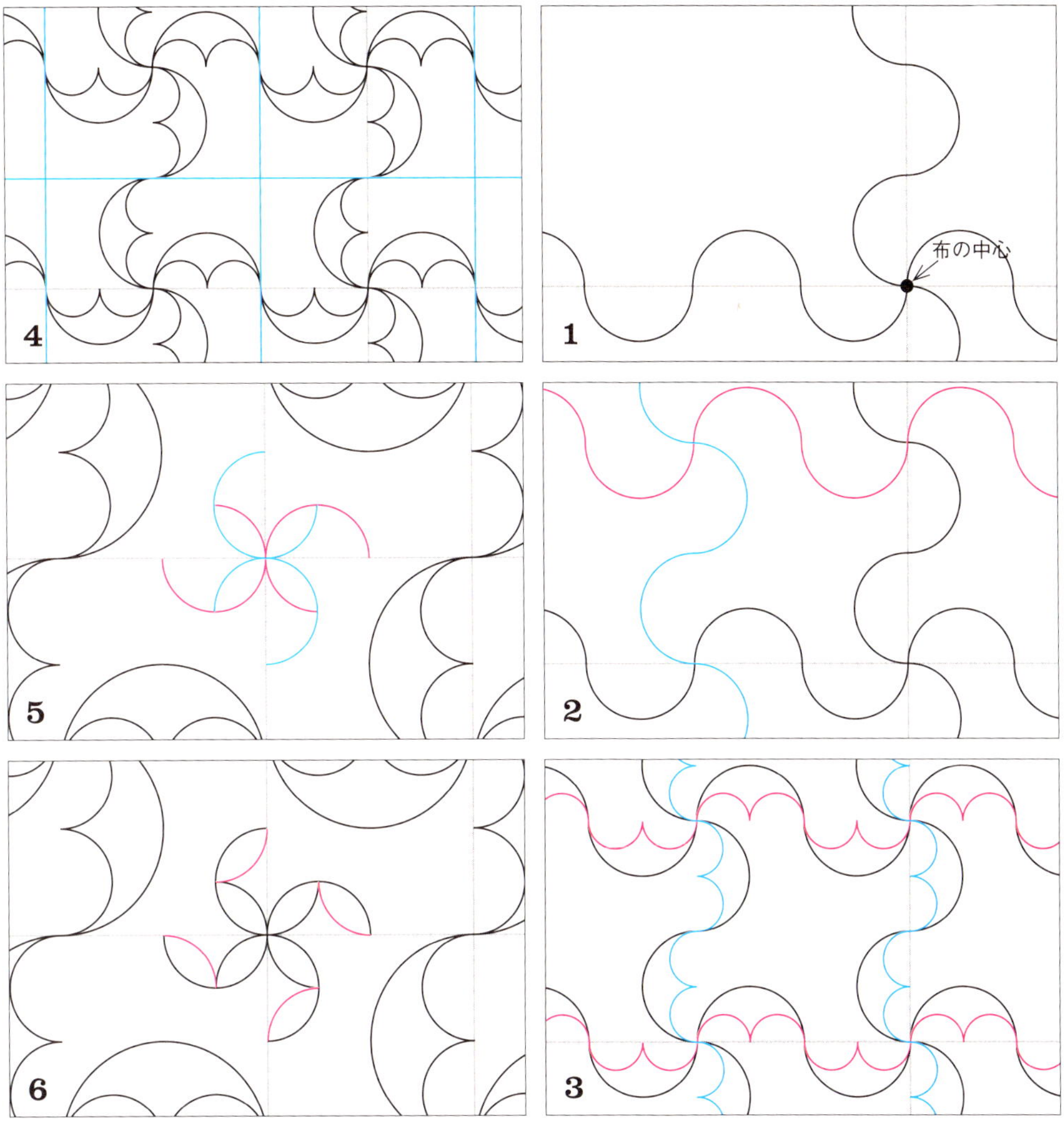

材料と道具（19頁の他に）

◎直径2.8と6㎝の円型の台紙

（型紙は52頁）

1 下地を作る

（→21頁へ）

2 下線を引く

1 額縁線を引き、図のように、中心線の上に直径6㎝の円型の台紙を使って半円を互い違いに描きます。

2 続けて、図のように半円を描きます。これで大きな千鳥となります。

3 さらに、49頁の巴つなぎを、2の半円の中に描きます。

4 千鳥の中心に図の青い線のようにガイド線を引きます。

5 七宝の巴を描きます。4のガイド線の中心に、直径2.8㎝の円型の台紙を使って、$\frac{3}{4}$の円を4つ重ねて描きます。

6 図のように$\frac{1}{4}$の円を加えます。

◎刺すうちにチャコペンの線が消えてしまうので、千鳥を描いて刺し、次に巴つなぎを描いて刺し、最後に七宝の巴を描いて刺すとよいでしょう。

◎模様の話

●鳥襷（50頁）

尾長鳥が2羽ずつ向かい合せに輪違い型に連結した模様です。吉祥、不老長寿、夫婦和合、子孫繁栄、恒久平和などを表します。

●千鳥（51〜52頁）

海辺で遊ぶ千鳥です。羽を広げて足が長いのが特徴です。かわいらしくて品のよい鳥で、祝いの席によく用いられる模様です。

3 額縁を刺す（→24頁へ）

4 模様を刺す（→46頁参照）

1 50頁の鳥襷と同様に、千鳥を刺してから、49頁の巴つなぎを刺していきます。

2 七宝の巴は、写真のように、二度に分けて刺します。角や円の谷間は、48頁「刺し方のポイント」と同様に刺します。針目は、千鳥や巴つなぎより小さくなるように刺すと、全体にバランスよく仕上がります。刺し終わりは、刺し始めの針目に3目ほど重ねます。

5 仕上げ（→46頁へ）

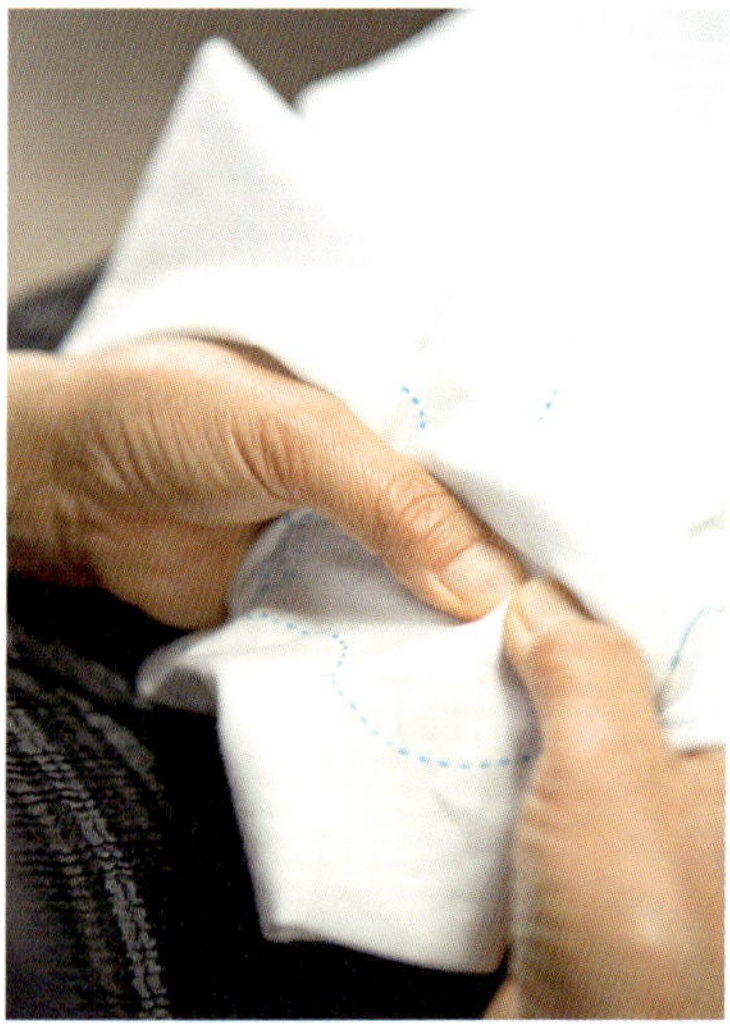

はばたくような曲線模様は、描くのも刺すのも楽しいもの。針を持ち、布に向き合う。無心の時間に幸せを感じます。

円型の型紙

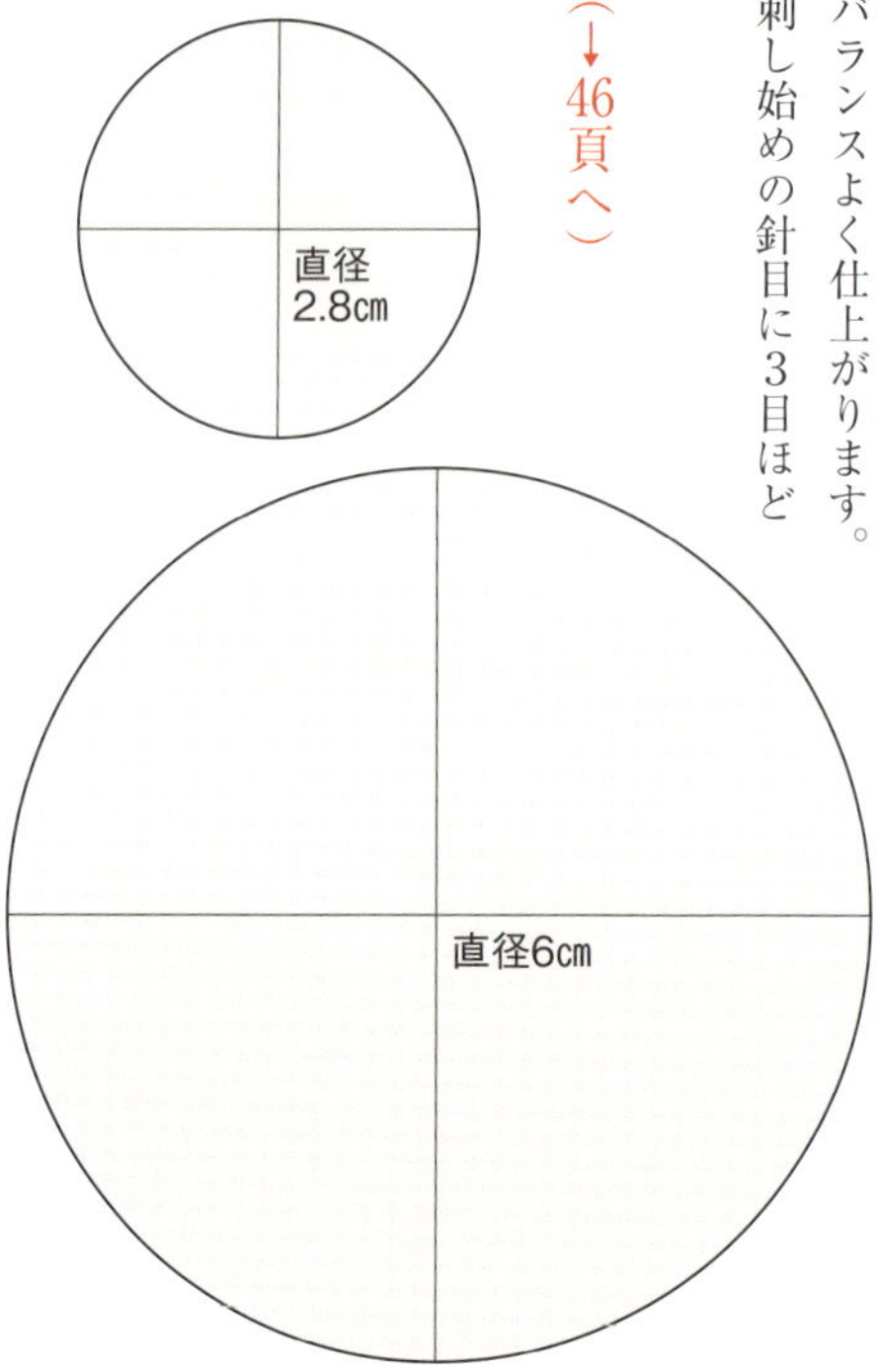

コンパスをお持ちでない方は、コピーして厚紙に貼り、切り取ってお使いください。

模様の刺し方

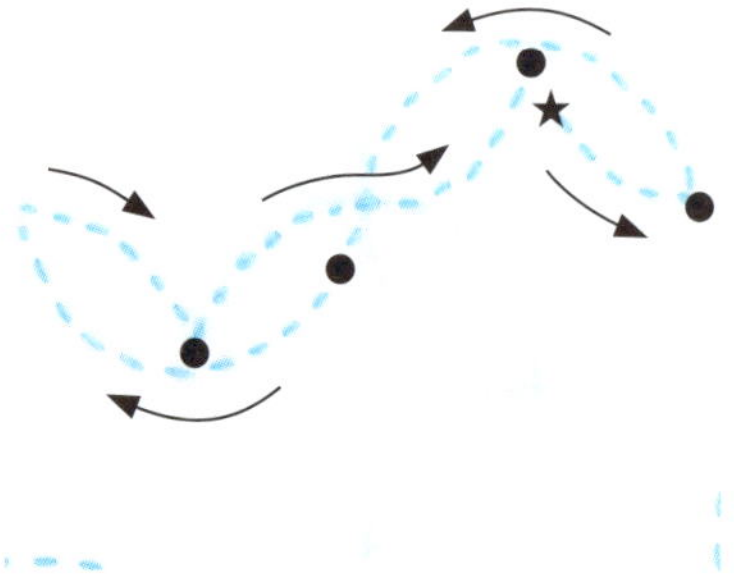

★印から刺し始める　●印で針を抜く

地刺し・基本の刺し方

地刺しは、下線を引かずに刺していきますので、刺し順図にしたがい、針目を一定に保ちながら、こつこつと運針していきましょう。2の工程はありません。

模様刺しで針目が揃うようになると、下線のない地刺しも刺せるようになります。地刺しの場合、はじめに刺す一列の針目が、全体の針目の基準となります。はじめのうちは、針目が一定に揃わなかったり、まっすぐ刺せなかったり、布がツレたりして、なかなか思うようにはいきません。針目を揃えることに集中して、糸こきをしながらゆっくりと進めましょう。

上手く刺そうとするのではなく、無心にまっすぐに針を進めましょう。確かに刺していけば、自然ときれいな模様が生まれてきます。

また、模様刺しにくらべて力が必要ですので、地刺しに取りかかる前には、手首をあたためてから始めるようにしましょう。

◎額縁の刺し方

端から1cmのところで額縁線を引きます。針に糸1m位を通して1本取りにします。このあとの工程は、24頁の「3 額縁を刺す」と同じです。

◎模様の刺し方

針に糸を80cm位通して、1本取りにします。玉結びは作りません。

1 刺し始めの部分に、裏側から表に針を出します。右手は親指以外の指を布の下に置き、親指と人さし指で布と針を持ち、針先を4mm位出します。右手の人さし指を針の下に添えます。左手の親指と人さし指で布の左側の部分を持ちます。両手の親指と親指の間は、常に1cm間隔を保ちます。右の親指を下げて、左手で布を持ち上げ、針を布の中に1目分の4mm位入れます。

2 左の親指を5mm位左に動かします。左手で布を下げ、右人さし指を上げて、針を1目分出します。針を入れ、左親指5mm位左に動かし、針を出す。この指を上下させる動きを繰り返します。

※刺し順図の赤、青、緑、茶色の線は長さにかかわらずひと目を表します。ただし、55頁の刺し順図3の緑線は糸をかける部分です（56頁参照）。

◎針に布がたまったら

右に布を移動させます。一列刺し終わるごとに、布から針を抜き、しっかりと糸こきをします（20頁参照）。

◎糸が足りなくなった場合

裏で糸端を3～4cmほど残して針を抜き、新たな針の糸端3～4cmとを、裏で機結《はた》び、またはきっちりと結びます。元の針目とは重ねません。

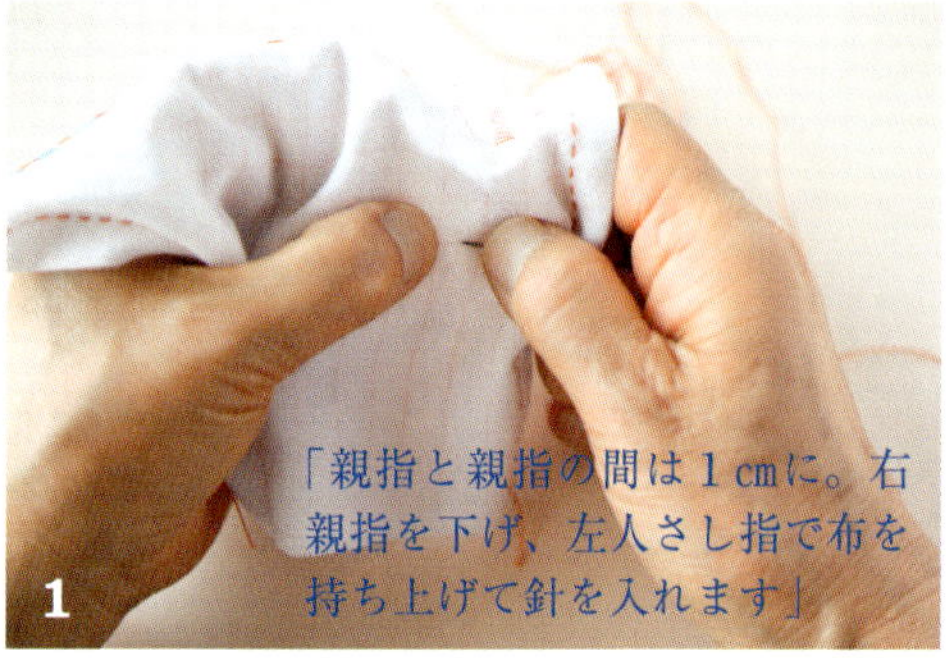

1 「親指と親指の間は1cmに。右親指を下げ、左人さし指で布を持ち上げて針を入れます」

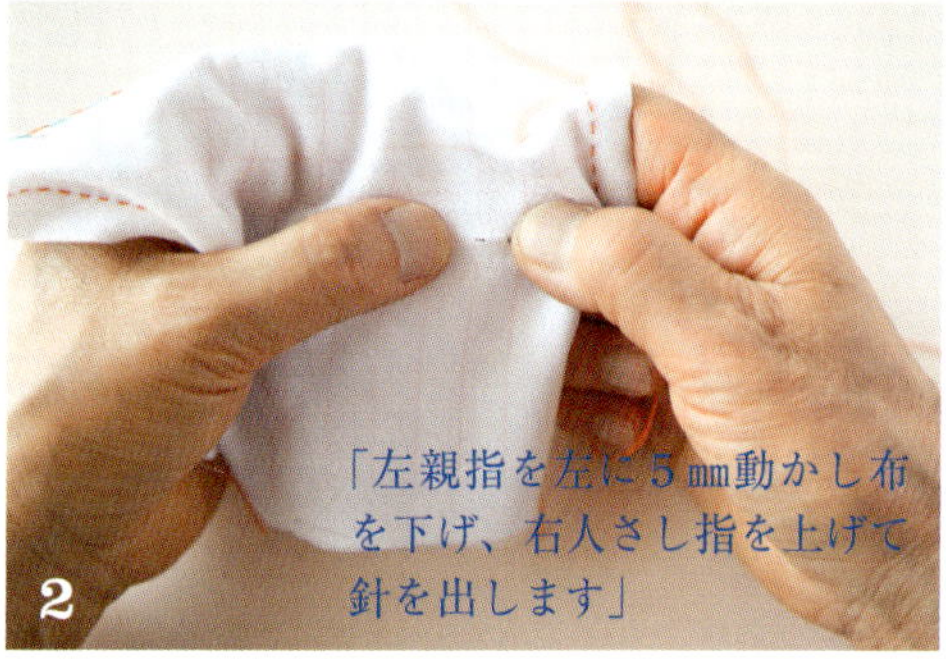

2 「左親指を左に5mm動かし布を下げ、右人さし指を上げて針を出します」

◎額縁の飾り方　2

「山道」「家並」「亀甲応用」「六文銭刺し」での飾り方です。60cm位の糸を1本取りにし、表の額縁の針目に、針穴のほうから図の1～5の順にくぐらせていきます。このとき糸端を8cm残します。一巡する度に、額縁の針目に沿って糸を上に引きます。最後は27頁の手順1と同様に、房と一緒に糸端を結びます。必ず、模様を刺した後に行いましょう。

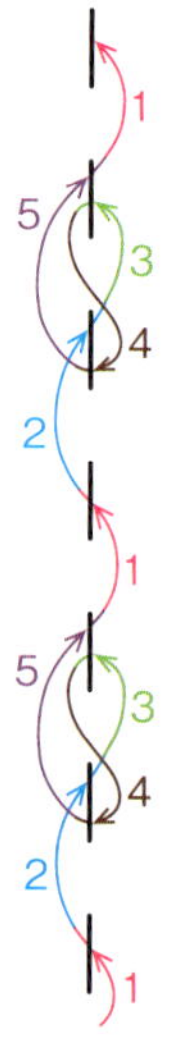

| ＝針目

「親亀・子亀」

表の「親亀」を刺せば、裏は「子亀」の下地です。
最後に、表と裏の針目に糸をかけます。

1 下地を作る（↓21頁へ）

3 額縁を刺す（↓24頁へ）

4 模様を刺す

赤、青の順で刺し、緑部に糸をかけます。

1 中心線の赤の端から、糸端を3～4㎝残し、4㎜位の針目を保って刺します。端まで刺したら、針目ひとつ分＋糸の太さ分の間隔をあけて（針は布の間を通す）、すぐ上の列を刺します。糸が終わるまでさらに上の列へ進みます。糸が終わったら、糸端を3～4㎝残して針を抜きます。新たな糸を通し、今度は、横の中心線のすぐ下の列を刺します。糸端は先の刺し始めの糸端と根元で結び、布間を通して進みます。糸が終わるまでさらに下の列へと進め、糸が終わったら糸端を残して針を抜きます。次に、上列で糸端を残した列の続きを刺します。このとき糸端同士を根元できっちりと結びます。この要領で上下交互に列を増やし、横列全面を刺します。

2 縦の中心線に近い青の端から、図2になるよう4㎜位の針目で刺します。1と同様に糸を継ぎながら、左右交互に列を増やし、縦列全面を刺します。

3 表と裏の緑部に糸をかけます（56頁）。

5 仕上げ（↓27頁へ）

裏の様子（刺し順2のとき）

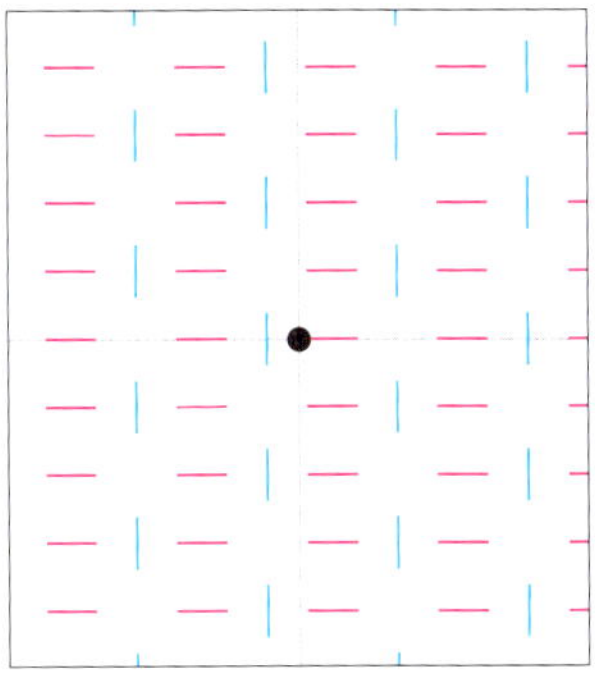

刺し順

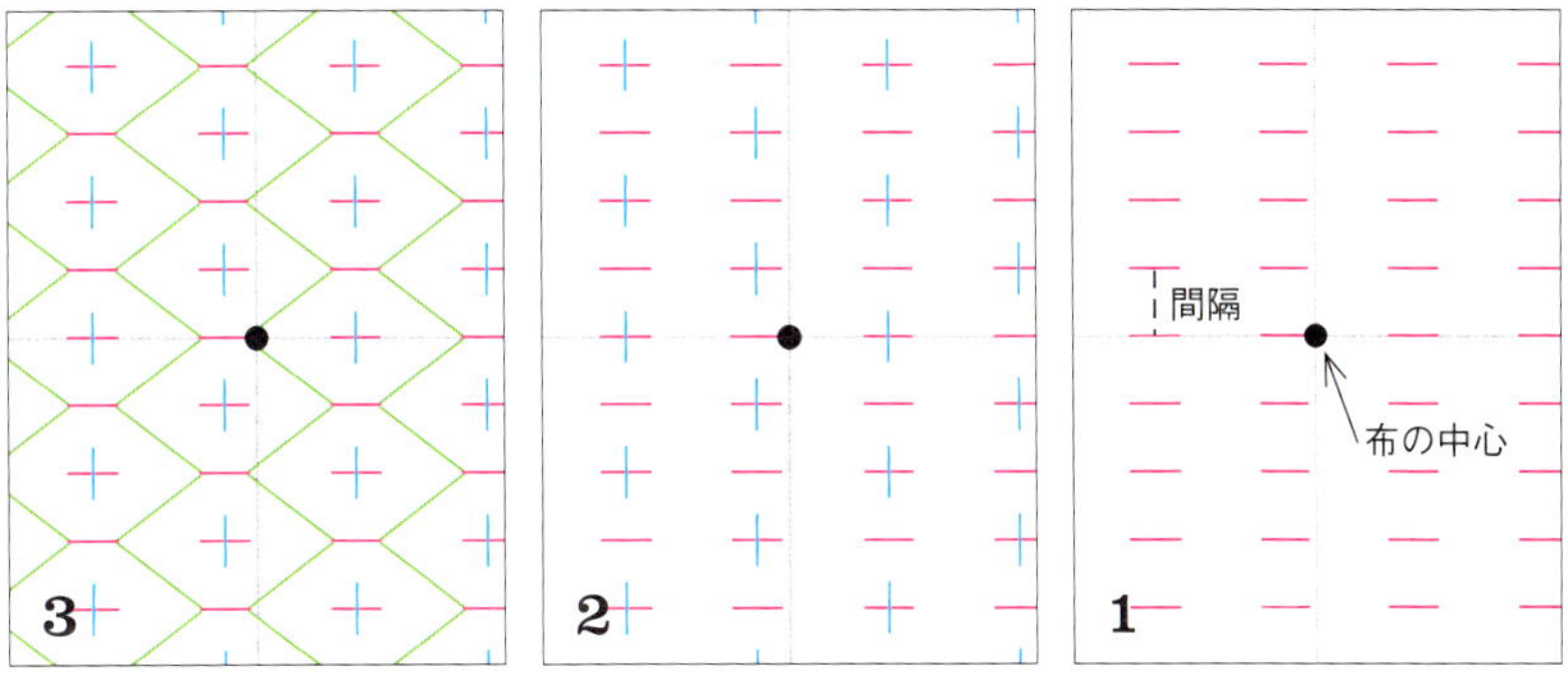

端から刺していくと、布の中心に針目がこないことが多いですが、仕上がりに問題はありません（55～63頁共通）。

◎「親亀・子亀」の糸のかけ方

親亀も子亀も、みみを上にして布を持ちます。
糸を針目にかけるたびに、ひとつずつていねいに糸引きをします。

◎「親亀」の場合

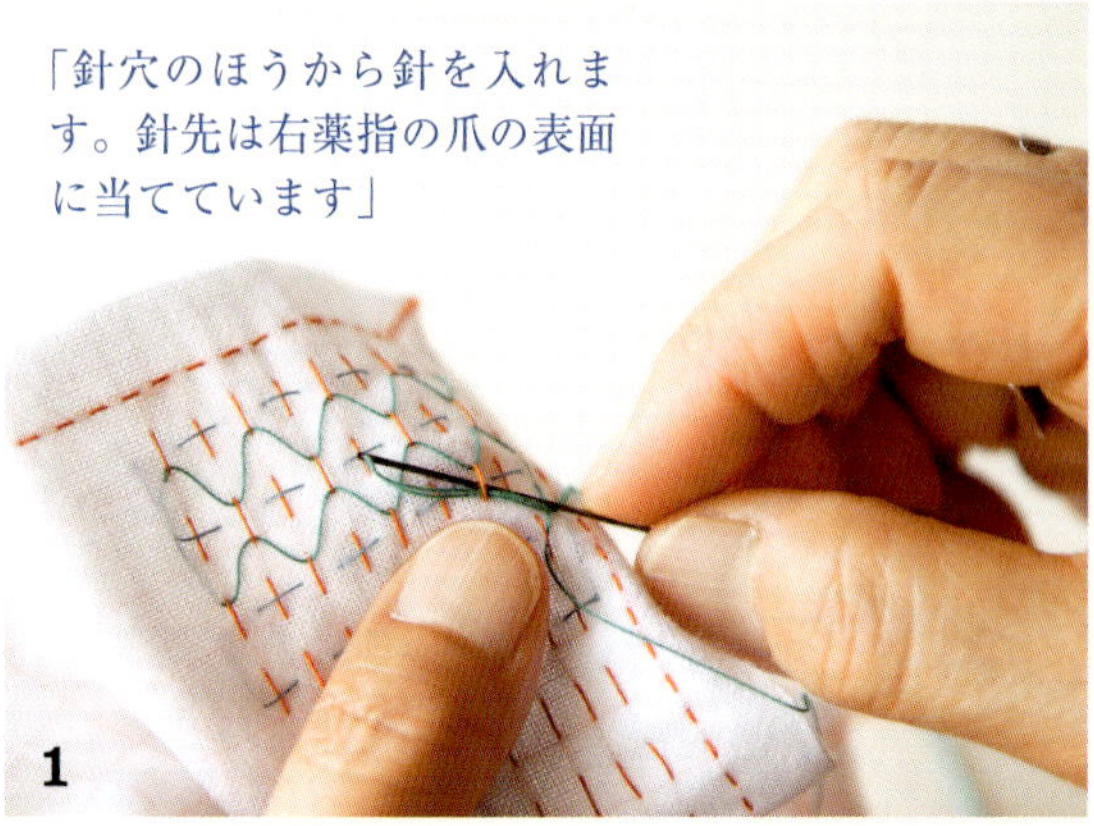
「針穴のほうから針を入れます。針先は右薬指の爪の表面に当てています」
1

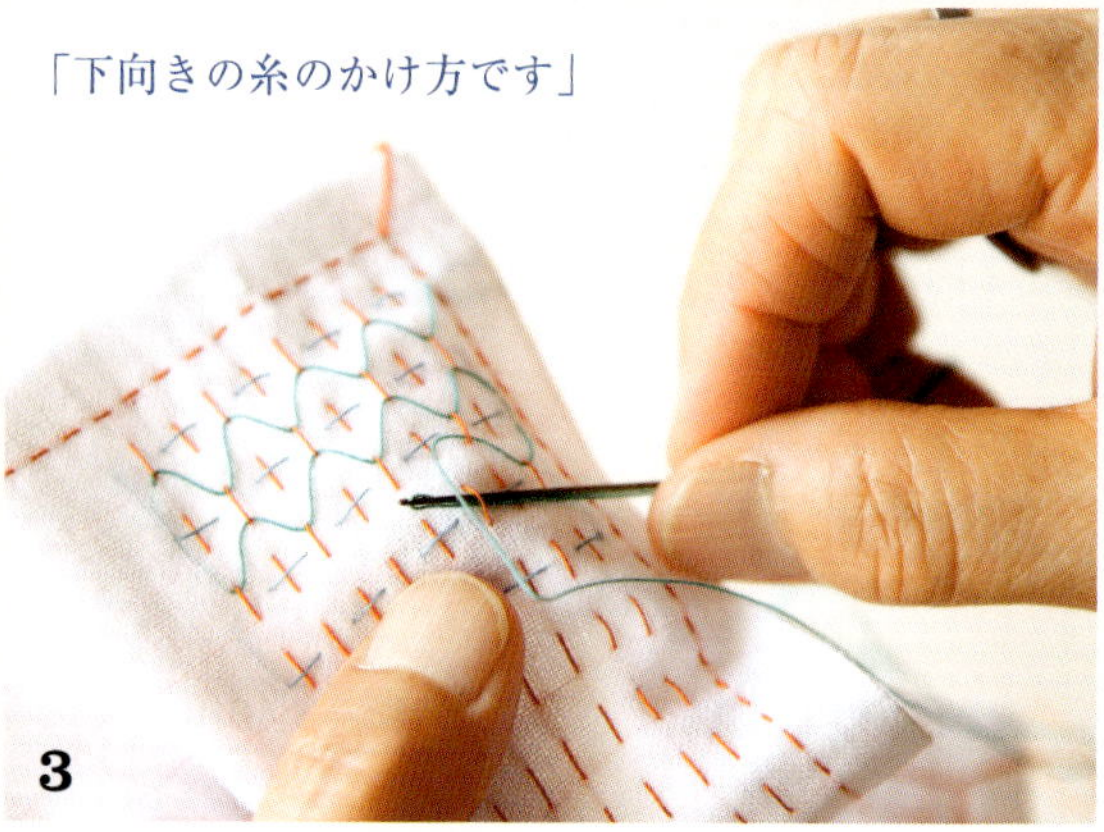
「下向きの糸のかけ方です」
3

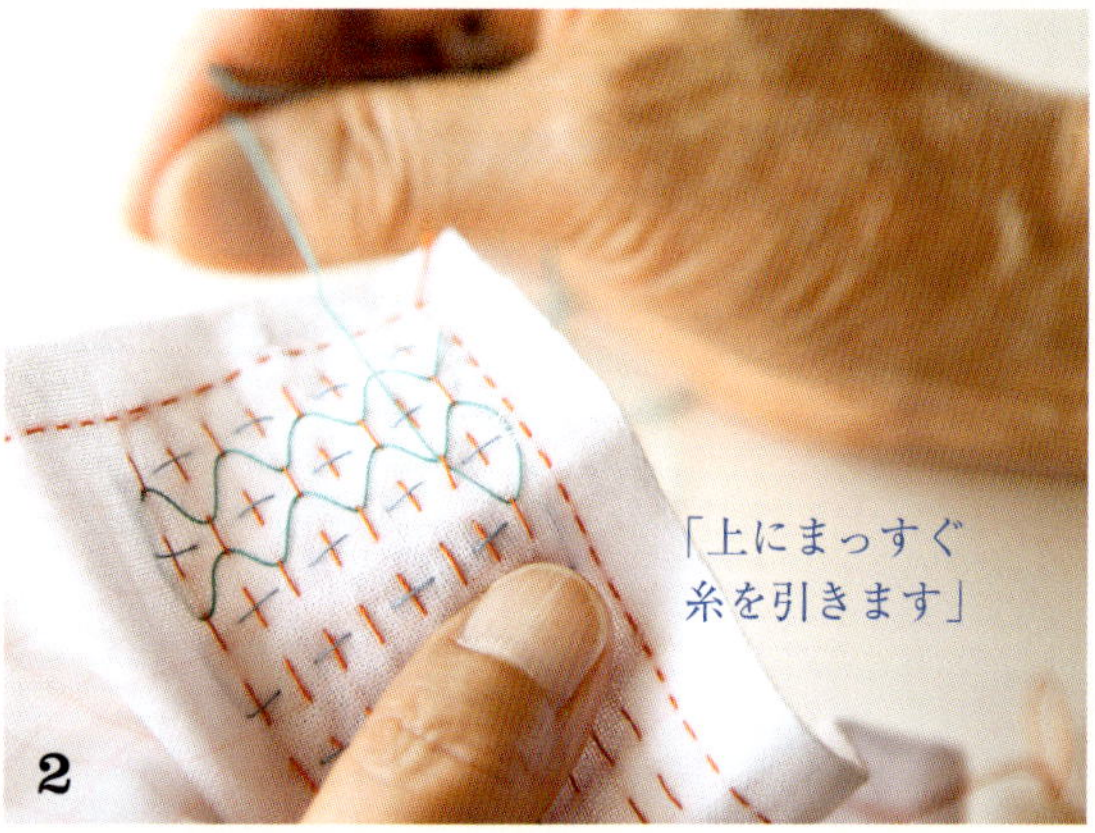
「上にまっすぐ糸を引きます」
2

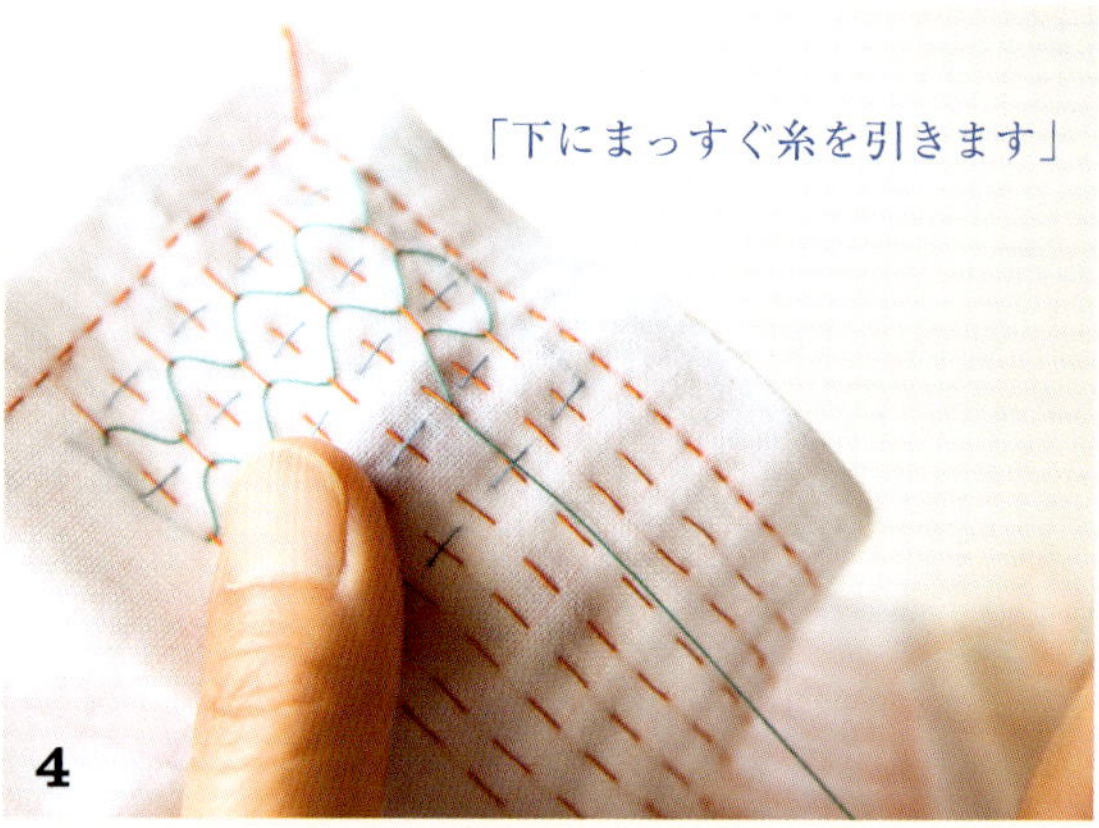
「下にまっすぐ糸を引きます」
4

糸は90cm位で1本取り。みみ側の布間から針先を入れて裏に出し、額縁から内側1mmをすくい表に針を出し、ひと目1mmの本返し縫いをします。1・2　上向きの糸のかけ方です。右みみを上に持ちます。3・4　下向きです。ひとつかけるたびに糸を引きます。端では額縁の際で布間を通し、布の向きを逆にして同様にかけます。糸継ぎは針目にかけたところで裏に針を出し、次の糸端とで結び、またかけた針目から表に出し、糸をかけて続けます。最後は針を裏に出し、ひと目1mmの本返し縫いをして裏に出し、糸端を2〜3cm残して切ります。

◎「子亀」（裏）の場合

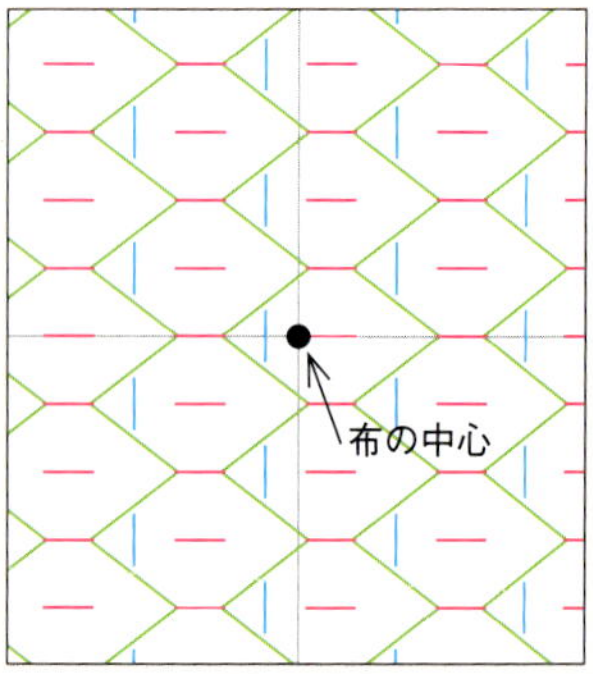
布の中心

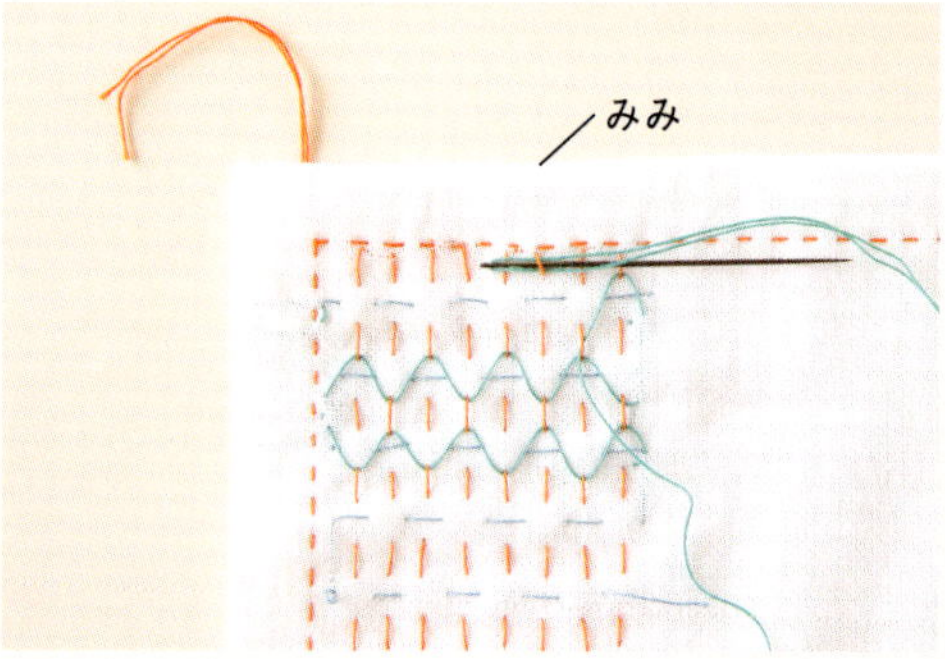
みみ

左図の緑線が子亀（裏）の糸をかける部分。上記と同様に、かけるたびに上下に糸引きをします。糸継ぎは裏（子亀側）で糸端同士を結びます。最後は額縁の際で針を表（親亀側）に出し、ひと目1mmの本返し縫いをして裏に出し、糸端を2〜3cm残して切ります。子亀にはからっこ（卵の殻）が表現されます。

「花刺し」

縦横に運針して十字を作ったら、十字の針目を斜めにつないでいきます。大変愛らしい模様です。

1 下地を作る（→21頁へ）

3 額縁を刺す（→24頁へ）

4 模様を刺す

赤、青、緑、茶の順で刺します。

1 横の中心線の赤の端から糸端を3～4cm残し、4mm位の針目で刺します。端では針目ひとつ分＋糸の太さ分の間隔をあけ（針は布の間を通す）、すぐ上の列を刺します。糸が終わったら糸端を3～4cm残して針を抜きます。今度は横の中心線のすぐ下の列を刺します。新たな針の糸端は先の刺し始めの糸端と根元で結び、布間を通して下の列へ。糸が終わるまでさらに下の列へと進め、糸端を残します。次に、上列で糸端を残した列の続きを刺します。このとき糸端同士を根元で結びます。この要領で列を増やし、全面を刺します。

2 1と十字になるよう、中心線に近い青の端から4mm位の針目で刺します。1と同様に糸を継ぎ、左右交互に列を増やし、縦列全面を刺します。

3 中心近くを通る緑の端から1と同様に3mm強の針目を保って刺します。

4 茶も3と同様に、3mm強の針目で列を刺し増やします。

5 仕上げ（→27頁へ）

刺し順

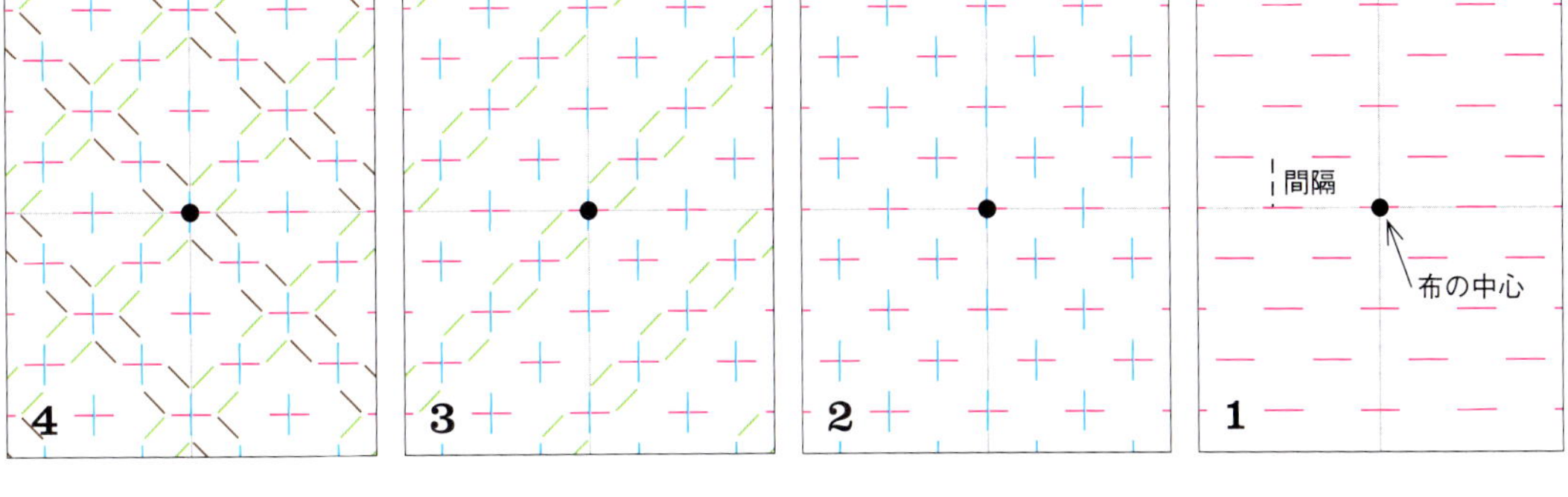

「笹刺し」

針を入れる位置が揃うように意識して、美しい熊笹の葉に仕上げましょう。

1 下地を作る (↓21頁へ)

3 額縁を刺す (↓24頁へ)

4 模様を刺す

赤、青の順で刺します。

1 縦の中心線にあたる赤の端から、糸端を3~4㎝残し、4㎜位の針目を保って刺します。中心線の列を端まで刺し終えたら、針目ひとつ分+糸の太さ分の間隔をあけて（針は布の間を通す）、すぐ右の列を糸が終わるまで刺します。糸が終わったら、糸端を3~4㎝残して針を抜きます。今度は縦の中心線のすぐ左の列を刺します。新たな針の糸端は先の刺し始めの糸端と根元で結び、布間を通し、左の列へ進みます。糸が終わるまでさらに左の列へと進め、糸端を残して針を抜きます。次に、右列で糸端を残した列の続きを刺します。このとき糸端同士を根元で結びます。この要領で左右交互に列を刺し増やし、縦列全面を刺します。

2 中心近くを通る青の端から、4㎜位の針目を保って刺し始めます。1と同様に列を刺し増やしていきます。

◎針目の位置に注意します（下図）。

5 仕上げ (↓27頁へ)

模様の刺し方

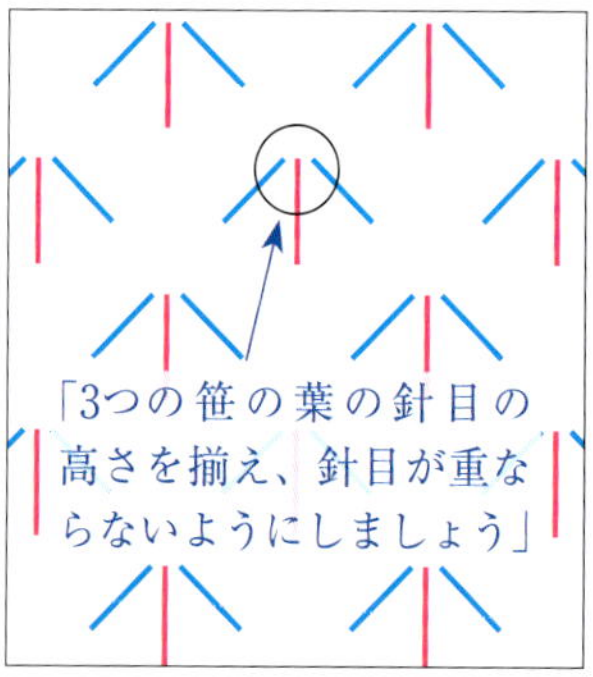
「3つの笹の葉の針目の高さを揃え、針目が重ならないようにしましょう」

刺し順

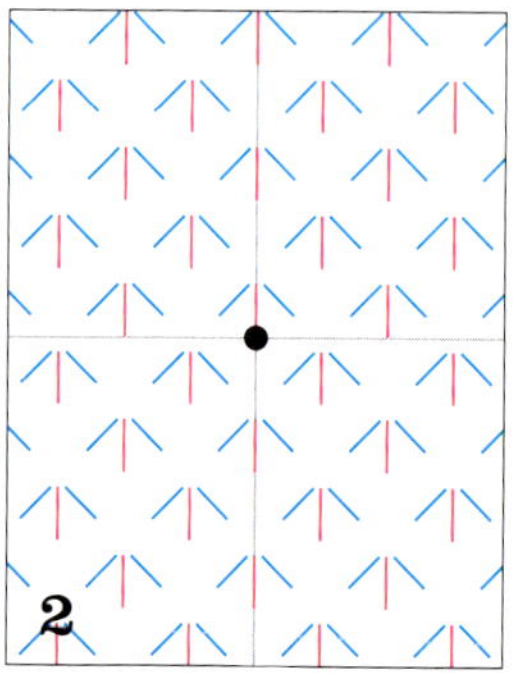
2

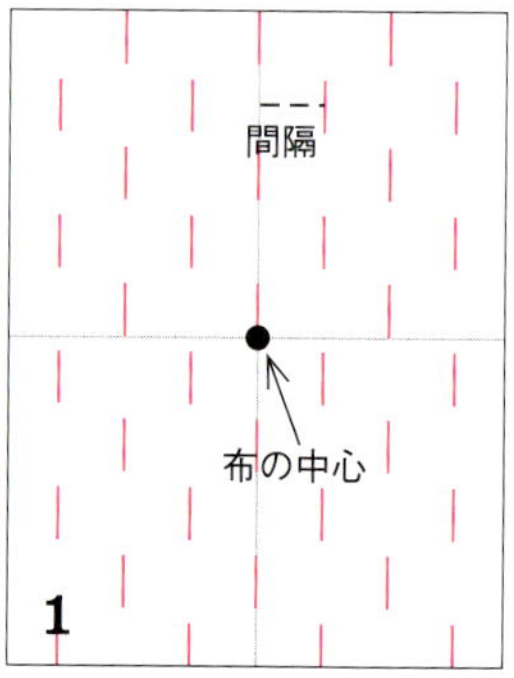
間隔
布の中心
1

「米刺し」

縦横斜め、すべて4ミリ位の針目の模様です。
心を静めて、ゆっくりと針を進めましょう。

1 下地を作る （→21頁へ）

3 額縁を刺す （→24頁へ）

4 模様を刺す

赤、青、緑の順で刺します。

1 横の中心線の赤の端から糸端を3～4cm残し、4㎜位の針目で刺します。端では針目ひとつ分＋糸の太さ分の間隔をあけ（針は布の間を通す）、すぐ上の列を刺します。糸が終わったら糸端を3～4cm残して針を抜きます。今度は横の中心線のすぐ下の列を刺します。新たな針の糸端は先の刺し始めの糸端と根元で結び、布間を通して下の列へ。糸が終わるまでさらに下の列へと進め、糸端を残します。次に、上列で糸端を残した列の続きを刺します。このとき糸端同士を根元で結びます。この要領で列を増やし、全面を刺します。

2 1と十字になるよう、中心線に近い青の端から4㎜位の針目で刺します。1と同様に糸を継ぎ、左右交互に列を増やし、縦列全面を刺します。

3 中心近くを通る緑の端から1と同様に4㎜位の針目を保って刺し、列を刺し増やします。

◎3の針目の位置に注意します（下図）。

5 仕上げ （→27頁へ）

模様の刺し方

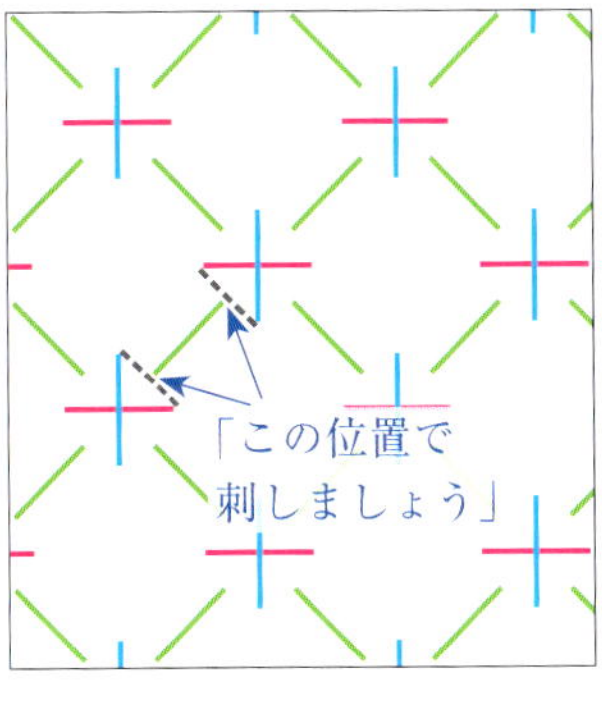
「この位置で
刺しましょう」

刺し順

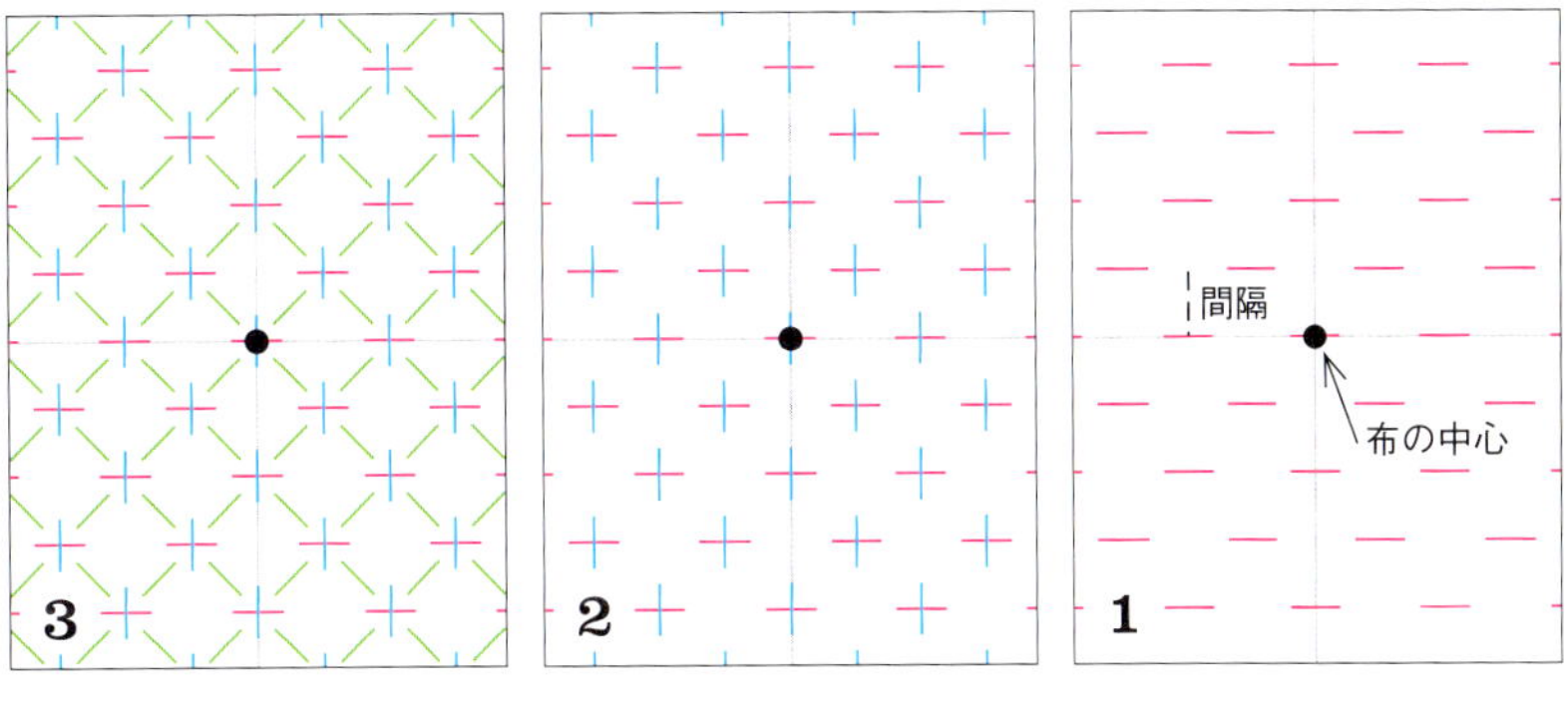
3
2
1
間隔
布の中心

「山道（違い刺し）」

はじめに刺す横の針目を頼りにして、長さの違う斜めの針目を2方向つなげます。

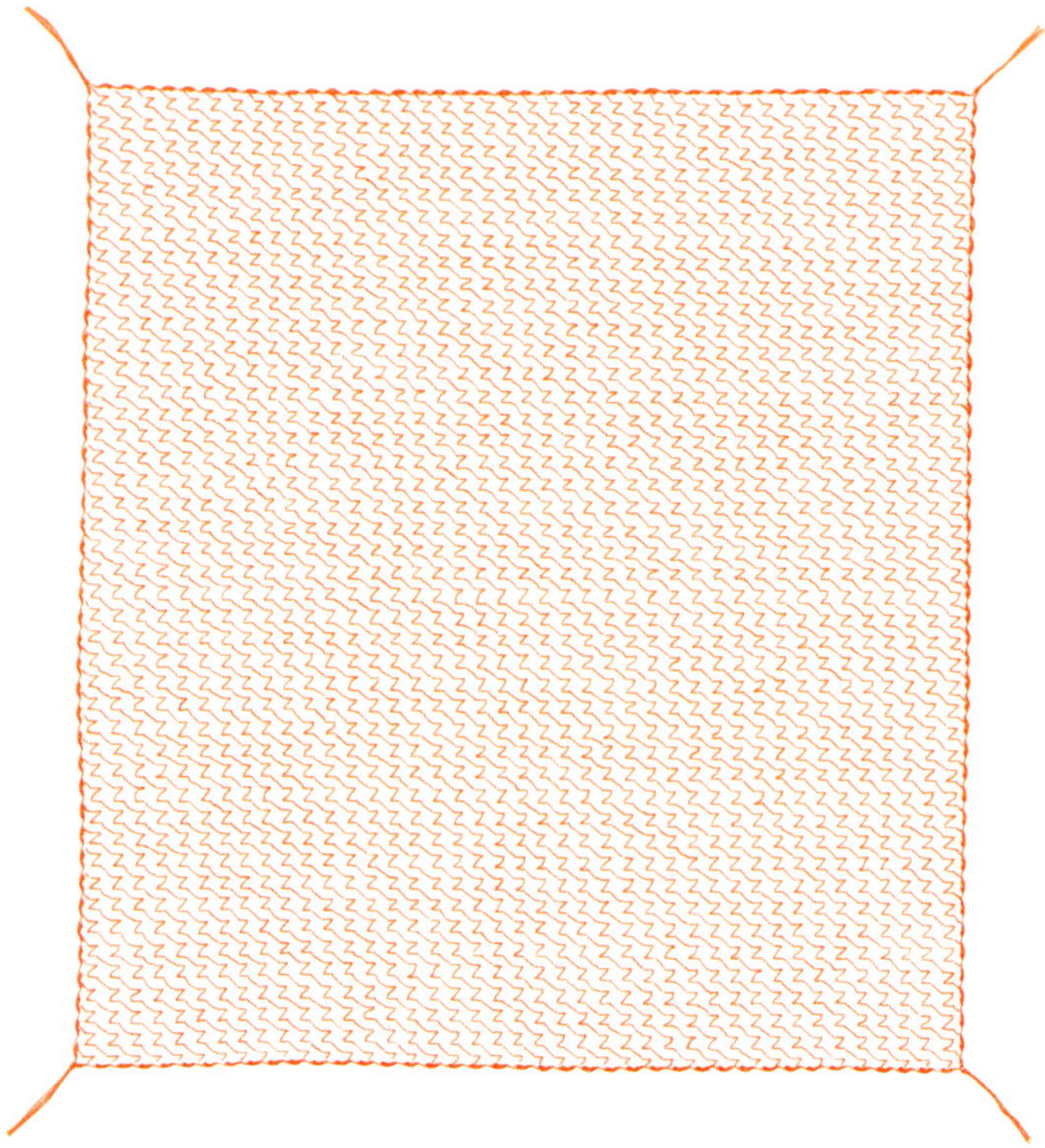

1 下地を作る（↓21頁へ）

3 額縁を刺す（↓24頁へ）

4 模様を刺す

赤、青、緑の順で刺します。

1 横の中心線の赤の端から糸端を3～4㎝残し、4㎜位の針目で刺します。端では針目ひとつ分＋糸の太さ分の間隔をあけ（針は布の間を通す）、すぐ上の列を刺します。糸が終わったら糸端を3～4㎝残して針を抜きます。今度は横の中心線のすぐ下の列を刺します。新たな針の糸端は先の刺し始めの糸端と根元で結び、布間を通して下の列へ進めます。糸が終わるまでさらに下の列へと進め、糸端を残します。次に、上列で糸端を残した列の続きを刺します。このとき糸端同士を根元で結びます。この要領で上下交互に列を増やし、横列全面を刺します。

2 1と同様に、中心近くを通る青の端から5㎜弱の針目で刺します。

3 1と同様に、中心近くを通る緑の端から、4㎜強の針目を保って刺します。

◎針目同士が重ならないようにします。すでにある針目の手前に、針を落とすように刺していきましょう（下写真）。

5 仕上げ（↓27頁へ）

模様の刺し方

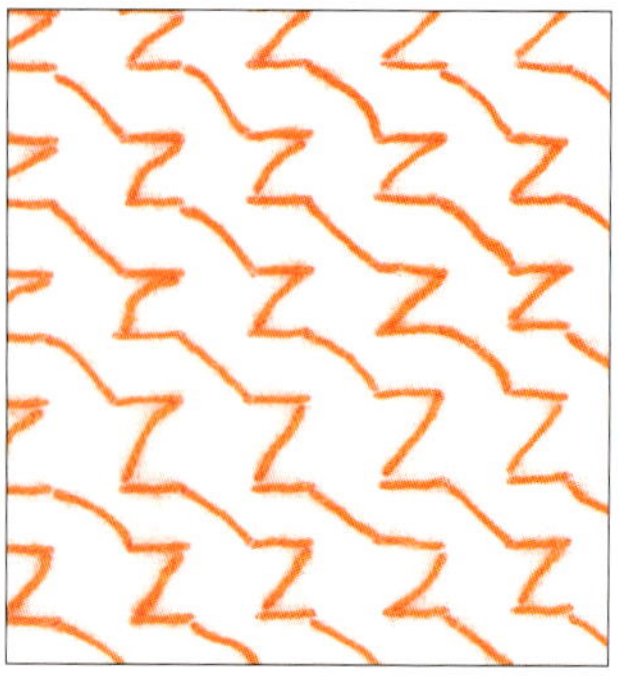

刺し順

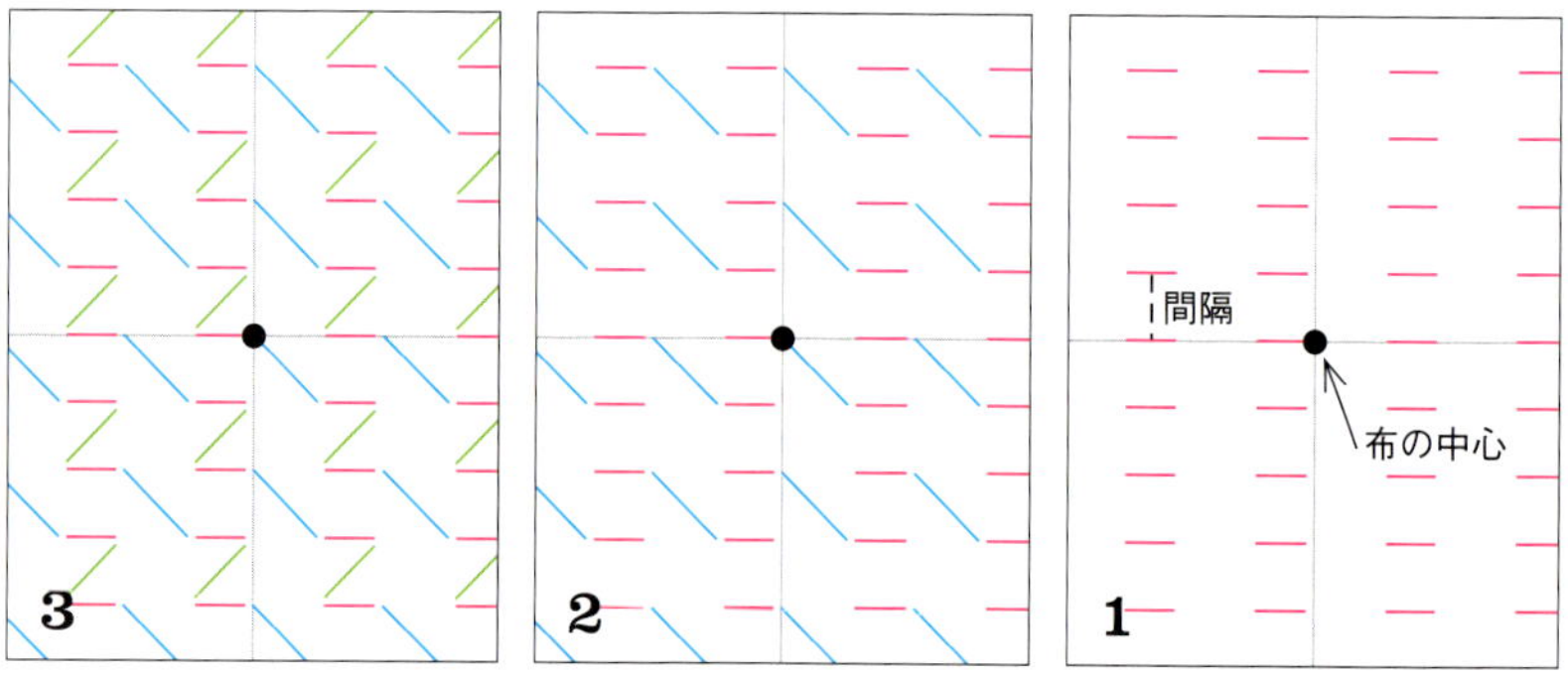

「家並（違い刺し）」

互い違いに針を進め、それを斜めにつないでいきます。
布の動きがなめらかになる手法です。

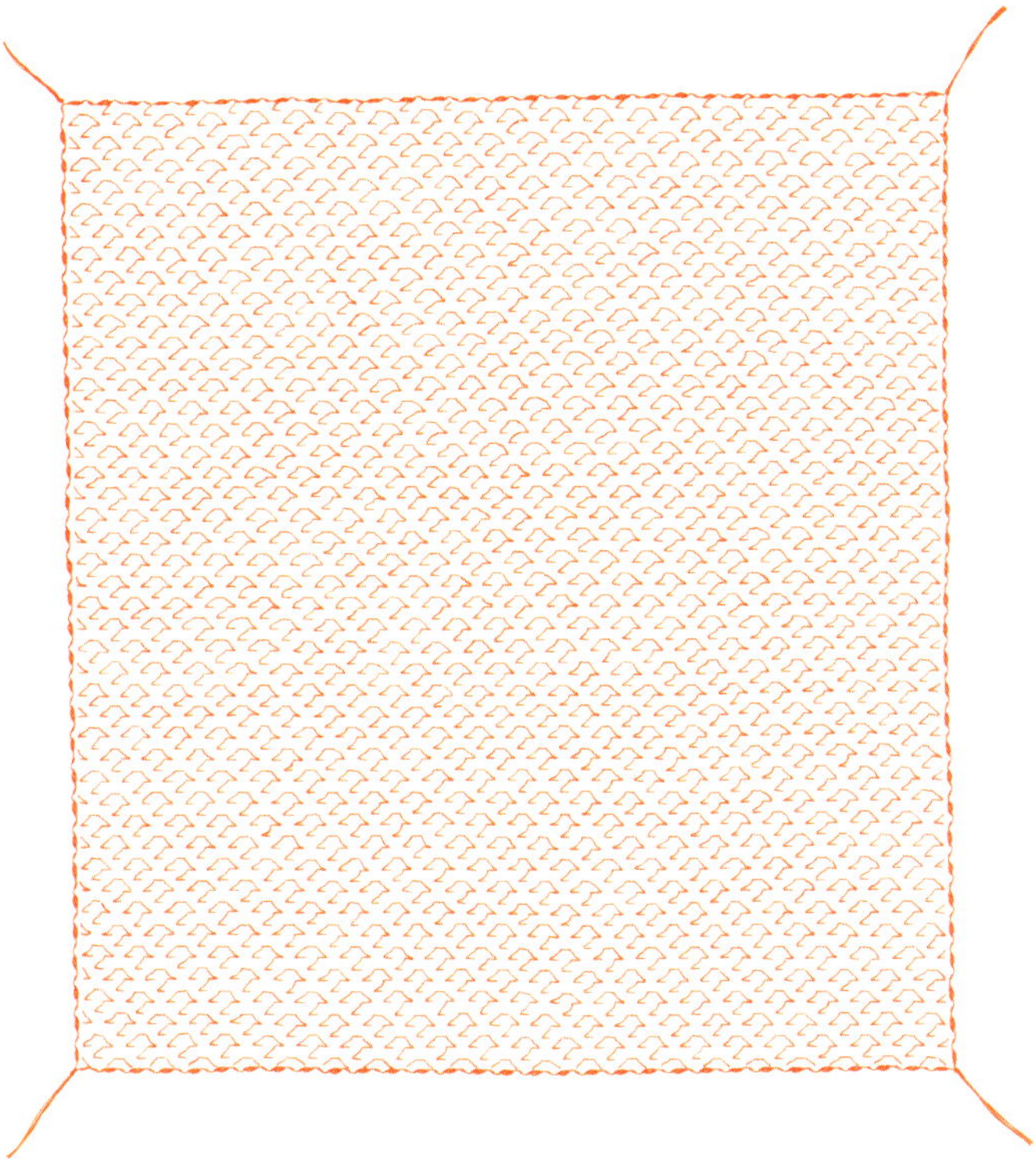

1 下地を作る（→21頁へ）

3 額縁を刺す（→24頁へ）

4 模様を刺す

赤、青、緑の順で刺します。

1 横の中心線の赤の端から糸端を3～4cm残し、4mm位の針目で刺します。端では針目ひとつ分＋糸の太さ分の間隔をあけ（針は布の間を通す）、すぐ上の列を刺します。糸が終わったら糸端を3～4cm残して針を抜きます。今度は横の中心線のすぐ下の列を刺します。新たな針の糸端は先の刺し始めの糸端と根元で結び、布間を通して下の列へ進めます。糸が終わるまでさらに下の列へと進め、糸端を残します。次に、上列で糸端を残した列の続きを刺します。このとき糸端同士を根元で結びます。この要領で上下交互に列を増やし、横列全面を刺します。

2 1と同様に、中心近くを通る青の端から5mm弱の針目で刺します。

3 1と同様に、中心近くを通る緑の端から、5mm弱の針目を保って刺します。

◎針目同士が重ならないようにします。すでにある針目の手前に、針を落とすように刺していきましょう（下写真）。

5 仕上げ（→27頁へ）

模様の刺し方

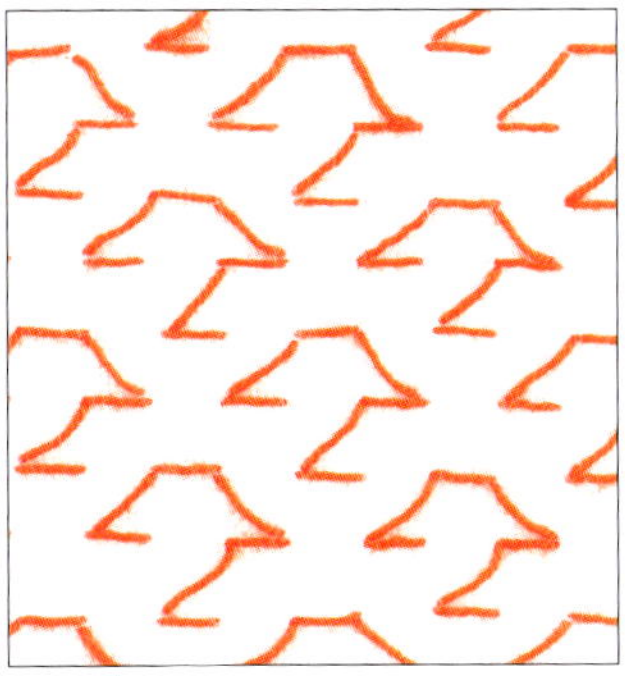

刺し順

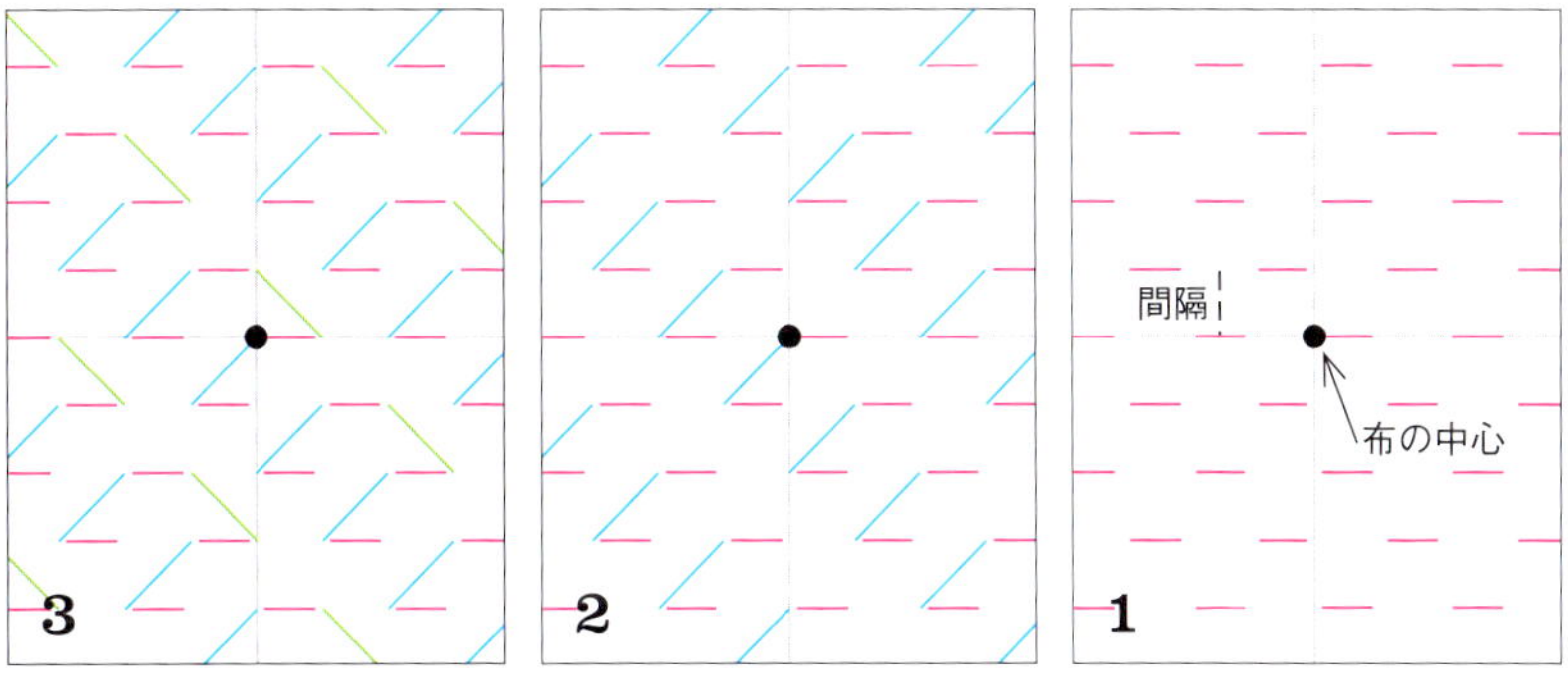

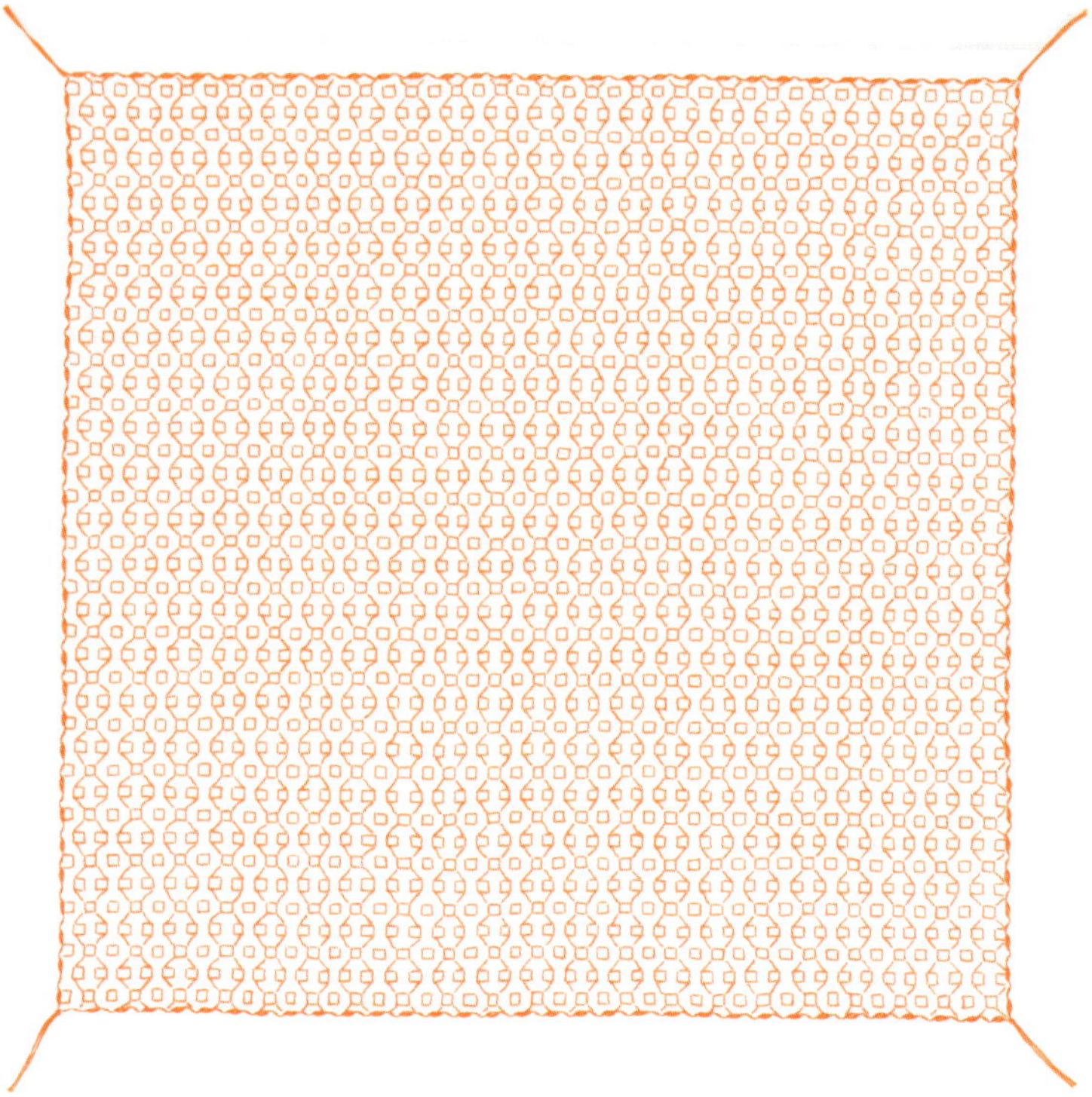

「亀甲応用」

まずは縦横で枡を作り、それを斜めにつなぎます。
裏は、思いもよらない模様になっています。

1 下地を作る （↓21頁へ）

3 額縁を刺す （↓24頁へ）

4 模様を刺す

赤、青、緑の順で刺します。

1 縦の中心線の赤の端から、糸端を3～4cm残し、4mm位の針目で刺します。端まで刺したら針目ひとつ分＋糸の太さ分の間隔をあけ（針は布の間を通す）、すぐ右の列を刺します。糸が終わったら糸端を3～4cm残して針を抜きます。今度は縦の中心線のすぐ左の列を刺します。新たな針の糸端は先の刺し始めの糸端と根元で結び、布間を通して左の列へ。糸が終わるまでさらに左の列へと進め、糸端を残します。次に、右列で糸端を残した列の続きを刺します。このとき糸端同士を根元で結びます。この要領で左右交互に列を増やし、縦列全面を刺します。

2 1と同様に、中心近くを通る青の端から4mm位の針目で刺します。

3 1と同様に、中心近くを通る緑の端から4mm位の針目を保って斜めに刺します。

◎針目同士が重ならないようにします。すでにある針目の手前に、針を落とすように刺していきましょう（下写真）。

5 仕上げ （↓27頁へ）

模様の刺し方

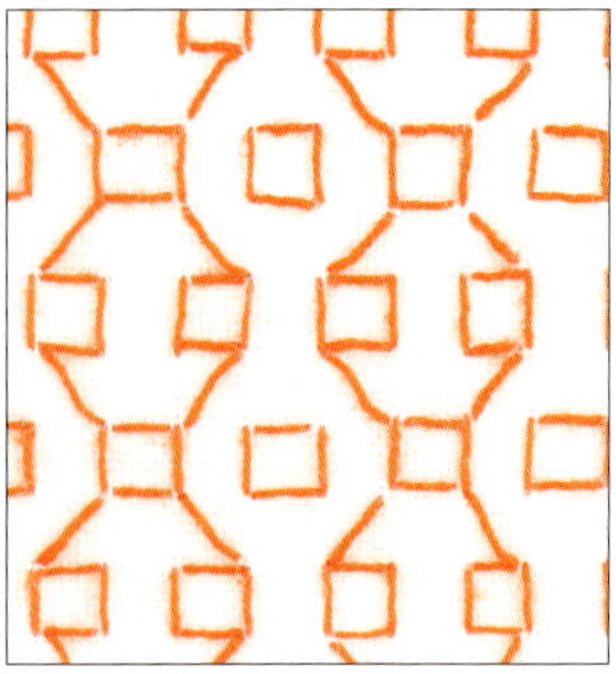

刺し順

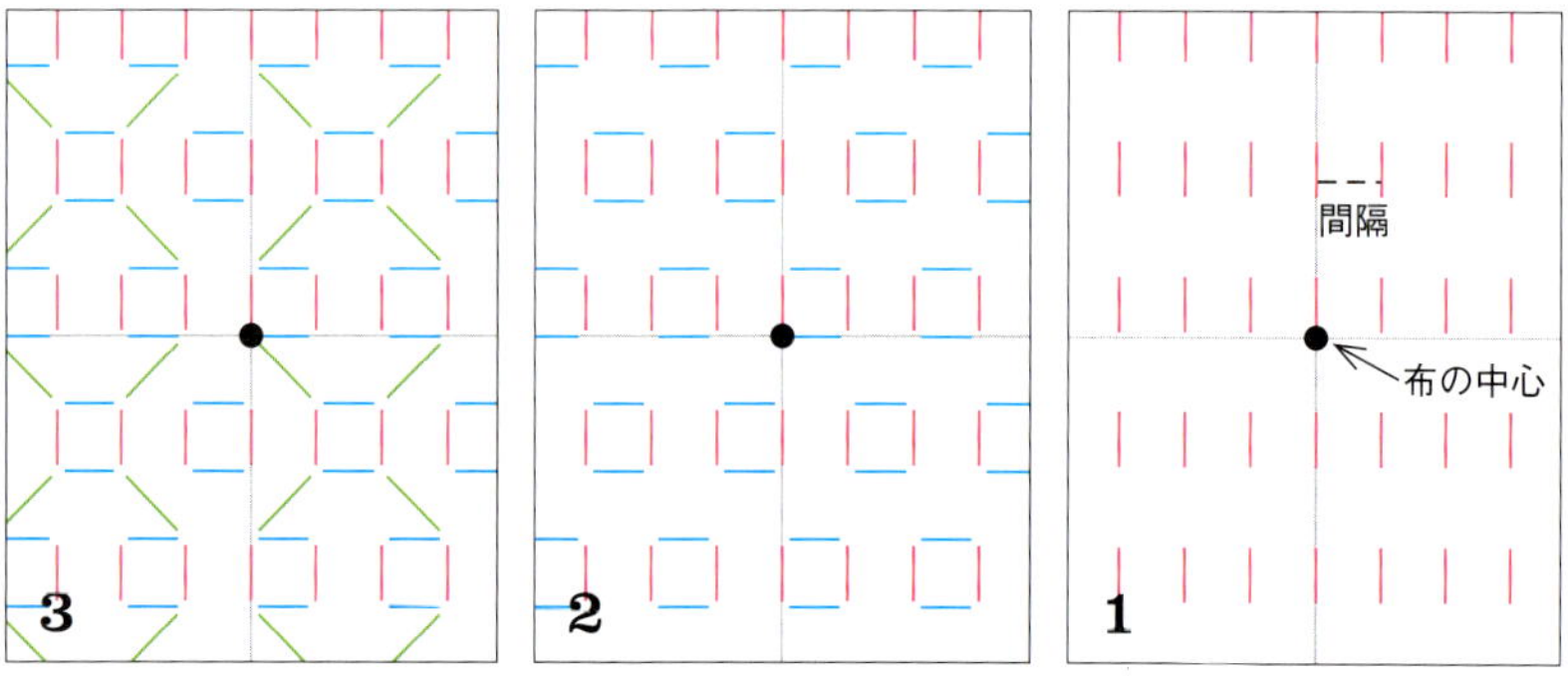

「六文銭刺し」

62頁の「亀甲応用」とは、枡を揃えただけの違いです。
少しの変化で、さまざまなくずしが生まれます。

1 下地を作る （→21頁へ）

3 額縁を刺す （→24頁へ）

4 模様を刺す

赤、青、緑の順で刺します。

1 横の中心線の赤の端から糸端を3～4cm残し、4㎜位の針目で刺します。端では針目ひとつ分＋糸の太さ分の間隔をあけ（針は布の間を通す）、すぐ上の列を刺します。糸が終わったら糸端を3～4cm残して針を抜きます。今度は横の中心線のすぐ下の列を刺します。新たな針の糸端は先の刺し始めの糸端と根元で結び、布間を通して下の列へ進めます。糸が終わるまでさらに下の列へと進め、糸端を残します。次に、上列で糸端を残した列の続きを刺します。このとき糸端同士を根元で結びます。この要領で上下交互に列を増やし、横列全面を刺します。

2 1と同様に、中心近くを通る青の端から4㎜位の針目で刺します。

3 1と同様に、中心近くを通る緑の端から4㎜位の針目を保って斜めに刺します。

◎針目同士が重ならないようにします。すでにある針目の手前に、針を落とすようにに刺していきましょう（下写真）。

5 仕上げ （→27頁へ）

模様の刺し方

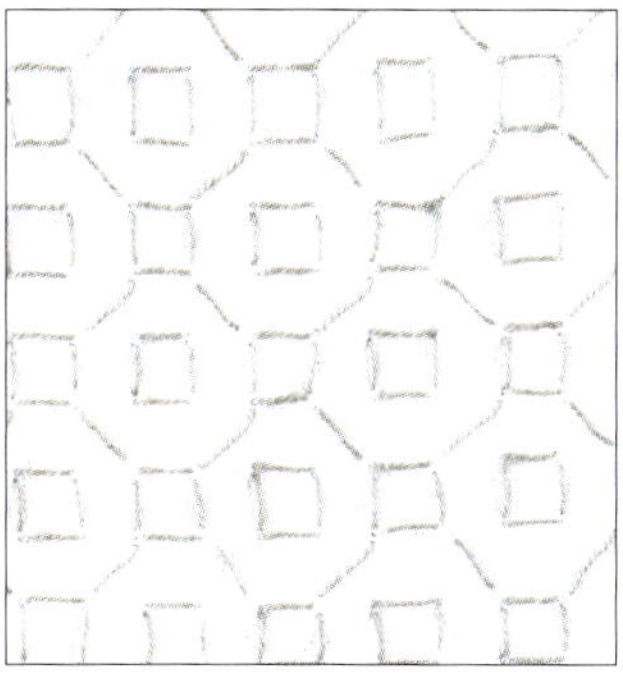

刺し順

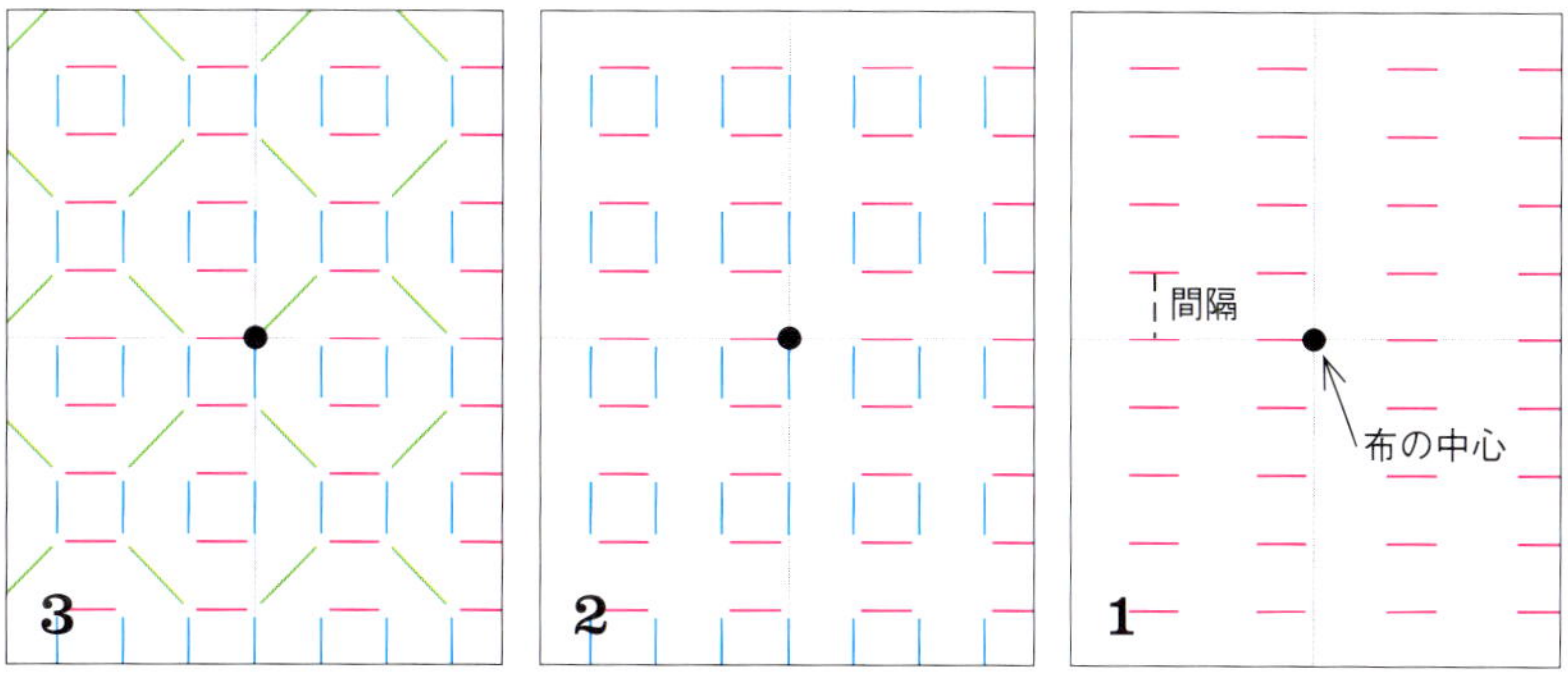

嫁入り道具の花ふきん教室　母から娘へ伝えられた針仕事

二〇一五年十月二十七日　初版第一刷発行
二〇二一年四月二十六日　第四刷

著者　近藤陽紹子
発行者　阪東宗文
発行所　暮しの手帖社　東京都千代田区内神田一ノ一三ノ一　三階
電話　〇三－五二五九－六〇〇一
印刷所　凸版印刷株式会社

落丁・乱丁がありましたらお取り替えいたします　定価はカバーに表示してあります
ISBN 978-4-7660-0197-6　C2077

近藤陽紹子（こんどう・ひろこ）
一九四〇年、秋田県生まれ。小学4年生の頃から、祖母より針仕事の基礎を学ぶ。三十代の頃「花ふきん」に魅了されて以来、県内の針上手を訪ね歩き、刺し方を見て覚える。いままで考案した模様は数百種あまりにも及ぶ。針仕事へ思いを寄せる人々に手ほどきをし、知る人の少なくなった「花ふきん」という手仕事を次世代に伝え続けている日々。著書に『嫁入り道具の花ふきん 秋田に伝わる祝いの針仕事』（暮しの手帖社刊）がある。

花ふきん　図案　近藤陽紹子
制作　近藤陽紹子
梅津雅子
杉原克子
ブックデザイン　林 修三　熊谷菜都美（リムラムデザイン）
写真　松本のりこ
校閲　オフィスバンズ
プリンティングディレクター　金子雅一　山口理一（凸版印刷株式会社）

・撮影状況や、印刷により、作品の色は実物と多少異なる場合があります。ご了承ください。